MOLIÈRE

VOLUMES DE LA COLLECTION DÉJÀ PARUS

DANS L'ORDRE DE LA PUBLICATION

Victor Cousin, par M. JULES SIMON.
Madame de Sévigné, par M. GASTON BOISSIER.
Montesquieu, par M. ALBERT SOREL.
George Sand, par M. E. CARO.
Turgot, par M. LÉON SAY.
Thiers, par M. P. DE RÉMUSAT.
D'Alembert, par M. JOSEPH BERTRAND.
Vauvenargues, par M. MAURICE PALÉOLOGUE.
Madame de Staël, par M. ALBERT SOREL.
Théophile Gautier, par M. MAXIME DU CAMP.
Bernardin de Saint-Pierre, par M. ARVÈDE BARINE.
Madame de La Fayette, par M. le comte D'HAUSSONVILLE.
Mirabeau, par M. EDMOND ROUSSE.
Rutebeuf, par M. CLÉDAT.
Stendhal, par M. ÉDOUARD ROD.
Alfred de Vigny, par M. MAURICE PALÉOLOGUE.
Boileau, par M. G. LANSON.
Chateaubriand, par M. DE LESCURE.
Fénelon, par M. PAUL JANET.
Saint-Simon, par M. GASTON BOISSIER.
Rabelais, par M. RENÉ MILLET.
J.-J. Rousseau, par M. ARTHUR CHUQUET.
Lesage, par M. EUGÈNE LINTILHAC.
Descartes, par M. ALFRED FOUILLÉE.
Victor Hugo, par M. LÉOPOLD MABILLEAU.
Alfred de Musset, par M. ARVÈDE BARINE.
Joseph de Maistre, par M. GEORGES COGORDAN.
Froissart, par Mme MARY DARMESTETER.
Diderot, par M. JOSEPH REINACH.
Guizot, par M. A. BARDOUX.
Montaigne, par M. PAUL STAPFER.
La Rochefoucauld, par M. J. BOURDEAU.
Lacordaire, par M. le comte D'HAUSSONVILLE.
Royer-Collard, par M. E. SPULLER.
La Fontaine, par M. GEORGES LAFENESTRE.
Malherbe, par M. le duc DE BROGLIE.
Beaumarchais, par M. ANDRÉ HALLAYS.
Marivaux, par M. GASTON DESCHAMPS.
Racine, par M. GUSTAVE LARROUMET.
Mérimée, par M. AUGUSTIN FILON.
Corneille, par M. GUSTAVE LANSON.
Flaubert, par M. ÉMILE FAGUET.
Bossuet, par M. ALFRED RÉBELLIAU.
Pascal, par M. ÉMILE BOUTROUX.
François Villon, par M. G. PARIS.
Alexandre Dumas père, par M. HIPPOLYTE PARIGOT.
André Chénier, par M. EM. FAGUET.
La Bruyère, par M. PAUL MORILLOT.
Fontenelle, par M. LABORDE-MILAÀ.
Calvin, par M. BOSSERT.
Voltaire, par M. G. LANSON.

Chaque volume, avec un portrait en héliogravure. . . . . 2 fr.

1235-08. — Coulommiers. Imp. PAUL BRODARD. — P1-09.

Molière

Reproduction du portrait peint par Mignard

Musée Condé à Chantilly

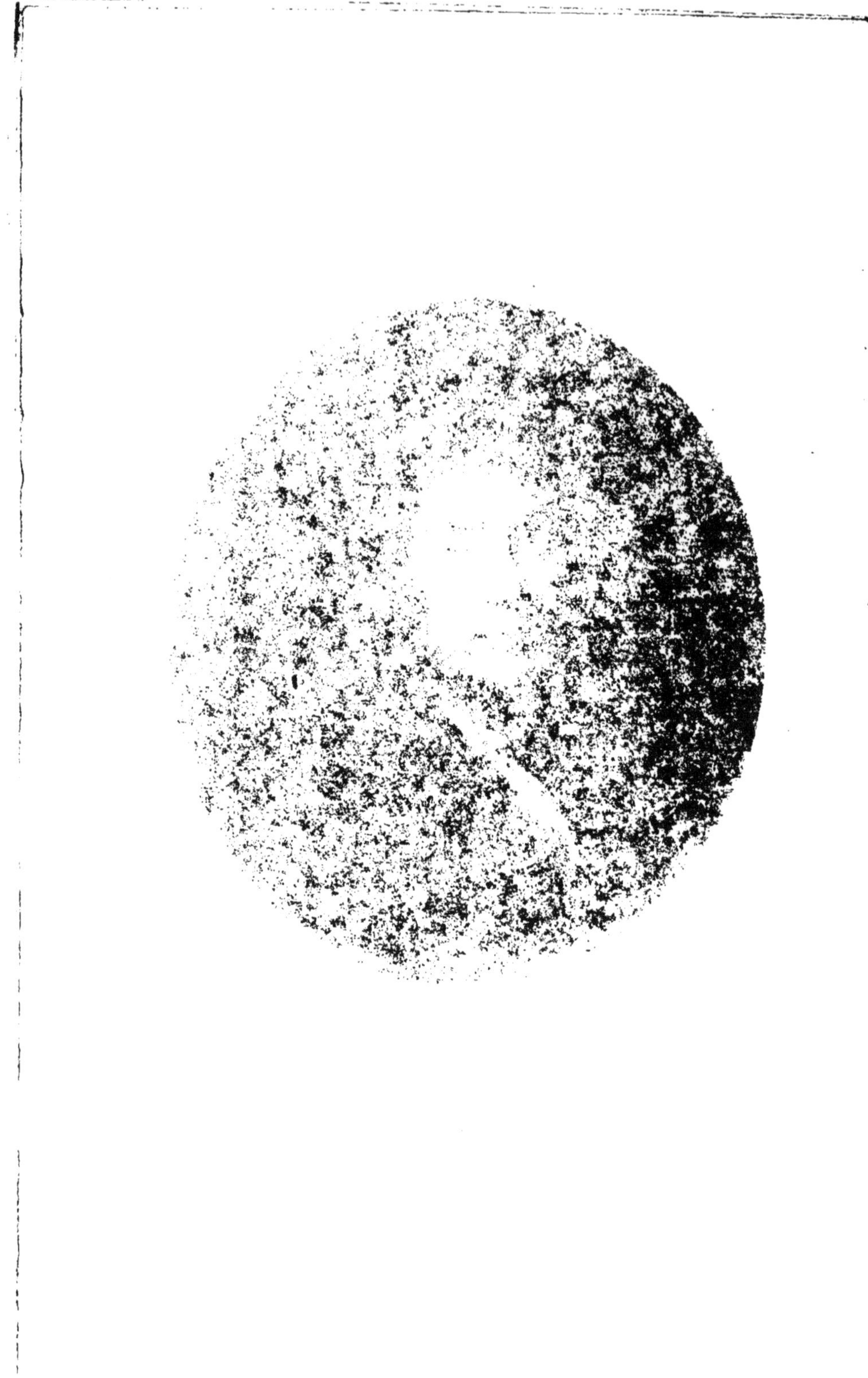

LES GRANDS ÉCRIVAINS FRANÇAIS

MOLIÈRE

PAR

GEORGES LAFENESTRE

DE L'INSTITUT

PARIS
LIBRAIRIE HACHETTE ET Cie
79, BOULEVARD SAINT-GERMAIN, 79

1909

MOLIÈRE

LA VIE

I

JEUNESSE ET APPRENTISSAGE
(1622-1658)

L'homme et l'auteur ne font qu'un chez Molière. On comprendrait mal son œuvre, si l'on ne connaissait bien sa vie. Comme Rutebeuf et Villon, plébéiens railleurs, Gringoire et Boileau, bourgeois satiriques, Voltaire et Beaumarchais, penseurs militants, le plus grand de nos poètes comiques, Jean-Baptiste Poquelin, dit Molière, est un gamin de Paris. Il est né en plein cœur de la grande ville frondeuse, tout près des Halles, à deux pas du Pont-Neuf, le 15 janvier 1622; il y grandit dans une boutique, près d'un atelier, parmi les rumeurs et les caquetages des marchands et des commères, les lazzis et les boniments des charlatans et bateleurs.

Son père, Jean Poquelin, maître tapissier, avait vingt-sept ans, sa mère, Marie Cressé, fille et nièce de tapissiers, vingt à peine. Jean-Baptiste, premier né, leur était arrivé vite et gaîment au neuvième mois de lune de miel. Cinq autres enfants, Louis, Jean, Marie-Madeleine, Nicolas, Marie, allaient régulièrement lui succéder, presque tous les ans. Le vieux logis, à colombages, du xve siècle, où croissait la nichée, au coin des rues Saint-Honoré et des Vieilles-Étuves, portait le nom de « Maison des Singes. » Sur son poteau cornier, sculpté et peint, grimpait, en grimaçant, au tronc d'un oranger, une bande joyeuse de ces quadrumanes imitateurs. Le grand Molière, devenu, pour ses contemporains, le « Singe de la Nature », se souviendra, non sans gratitude, de cette naïve enseigne : il fera figurer, dans son blason, à côté du masque de la Comédie et des miroirs de la Vérité, les animaux malins dont les gambades, amusant ses yeux, avaient encouragé, dès l'enfance, ses instincts d'espièglerie observatrice et moqueuse.

A dix ans, Jean-Baptiste eut le malheur de perdre sa mère, le 15 mai 1632. D'après l'inventaire, après décès, l'intérieur des Poquelin était des plus confortables. Meubles sculptés, belle argenterie; dans la chambre nuptiale, grand lit à pentes brodées, tentures en tapisserie, miroirs et tableaux; dans la garde-robe de la défunte, bon nombre de costumes et riches parures, de fines lingeries, des bijoux, quelques livres parmi lesquels une *Bible* et un *Plutarque* « le gros Plutarque à mettre les rabats » qu'on retrouvera tous deux chez Molière à sa mort.

La jeune mère était une femme d'ordre, aimant le luxe, la toilette, les bonnes compagnies, avec une certaine et solide culture. On se plaît à l'imaginer vive, généreuse, enjouée et franche. Tout porte à croire que, si son fils hérita visiblement de ses goûts pour une vie large, l'ordre intérieur, l'élégance personnelle, il lui reste aussi redevable de cette promptitude et chaleur d'émotion, de cet impérieux besoin d'amour et de tendresse, de cette persistance de bon sens à travers les plaisirs et les douleurs de la vie, qui devaient devenir à la fois le tourment fatal de son existence aventureuse et l'aliment le plus heureux de son génie.

Marie Cressé laissait à son mari, depuis peu tapissier du roi, trois enfants en bas âge, dont le commerçant affairé ne pouvait s'occuper. Il ne tarda pas à leur donner une belle-mère. En avril 1633, Jean Poquelin épousa une autre fille de gros tapissier, Catherine Fleurette. Quelques moliéristes exaltés ont voulu retrouver, dans l'œuvre du beau-fils, le portrait de la belle-mère. Pour les uns, c'est Béline, l'odieuse marâtre du *Malade imaginaire*, pour les autres, Elmire, l'affectueuse amie de ses beaux-enfants, dans *le Tartuffe*. On sait ce qu'il faut penser de la valeur de ces *clefs*, au moyen desquelles on prétend pénétrer le mystère de la gestation imaginative chez les créateurs de poésie et d'art. Rien n'autorise à parler bien ou mal de cette jeune femme, morte, elle aussi, prématurément, victime de deux accouchements trop rapprochés, le 12 novembre 1636. Ce qui reste probable, néanmoins, c'est que le vide précoce d'affection maternelle autour de son enfance, a laissé une lacune dans les analyses morales du poète. Les rôles de mères seront aussi rares dans ses comédies que ceux de pères y seront fréquents, et ces pères seront presque toujours des veufs.

Il est, en revanche, naturel et vraisemblable, que certains traits du bonhomme Poquelin aient pu et dû, plus ou moins volontairement, servir au comédien dans la confection de ces derniers personnages. Le portrait du papa qu'a tracé Larroumet, d'une pointe fine et vive, d'après les documents, semble assez exact. Vrai type de bon bourgeois parisien que ce commerçant, laborieux et rangé, retors en affaires, d'une probité scrupuleuse, qui transmit aussi à son fils une bonne part de son esprit pratique et de son activité infatigable. Il dirigea, naturellement, l'éducation de ses enfants, avec la prudence d'un honnête chef de famille.

Jean-Baptiste, futur successeur de son père dans son négoce et dans ses fonctions officielles, ne fréquenta, comme tous ses petits voisins, jusqu'à l'âge de quatorze ans, que l'école paroissiale de Notre-Dame, où l'on enseignait, avec le catéchisme, le calcul, le plain-chant, un peu de latin. Le reste du temps, Jean-Baptiste, mêlé aux ouvriers et commis, travaillait au magasin. Il y apprenait, avec le métier, le maniement des affaires, s'initiait déjà aux manières et au langage d'un autre monde par ses rapports avec les clients et débiteurs du maître tapissier, presque tous gens de robe ou gens de cour.

Aux heures de repos, c'étaient avec ses camarades, sur le Pont-Neuf ou la Place Dauphine, de longues stations parmi les badauds ébahis devant les tréteaux de Bruscambille, Gaultier-Garguille, Guillot-Gorju et autres farceurs, paradistes, saltimbanques, charlatans opérant en plein air. Aux jours de fête, c'était parfois la journée dans un vrai théâtre. Ses parents eux-mêmes en raffolaient, comme tous les marchands du quartier, et l'y conduisaient. L'hôtel de Bourgogne, le seul régulièrement ouvert, rue Mauconseil, était tout proche. Les maîtres de la Confrérie de la Passion, anciens propriétaires de la salle, y avaient conservé une loge. Louis Cressé, le grand-père maternel, ami du doyen, y avait ses entrées. Le petit Jean-Baptiste y put entendre les tragédies et tragi-comédies du fécond Hardy, celles de ses premiers successeurs, Théophile de Viau, Racan, Mairet, Pichon, et des récents novateurs, Rotrou, du Ryer, Tristan, Scudéry, Pierre Corneille, Boisrobert, etc.... Des parades, soties et farces précédaient toujours et suivaient la pièce de résistance, d'autant plus gaies et libres, que celle-ci était plus héroïque, guindée et précieuse, grandiloquente et romanesque. La famille Poquelin occupait en outre, deux boutiques aux grandes foires extra-muros de Saint-Laurent et de Saint-Germain, où des farceurs et bateleurs cosmopolites battaient la caisse, chaque année, durant plusieurs semaines. Jean-Baptiste y put de bonne heure goûter le répertoire italien, pantomines, mascarades, *Commedia dell'Arte*, avec le répertoire gaulois des tabarinades.

Sur le coup de ses treize ans, après la mort de sa belle-mère, l'enfant, dit-on, sans goût pour son métier, demanda lui-même à son père « de le faire étudier ». Si le fait est vrai, ce serait déjà chez lui cette vivacité de décision, cette franchise de parole qui devinrent un des traits les plus saillants de son caractère. Son père se rendit de bonne grâce à sa prière. De 1636 à 1640 environ, Jean-Baptiste suivit les leçons des Jésuites au collège de Clermont (plus tard Louis-le-Grand) fréquenté par dix-huit cents élèves, presque tous nobles. On y enseignait moins bien le grec qu'à Port-Royal, on y étudiait plus à fond latin et français. L'un des professeurs les plus estimés était le P. Lemoyne, auteur du *Poème de saint Louis* et des *Entretiens poétiques*. Les élèves y jouaient, à certains jours, des tragédies et comédies latines, anciennes et modernes, souvent écrites dans la maison. Une *Suzanne*, en 1640, y eut un tel succès, qu'on dut la représenter à la cour. Que d'excitations, là encore, pour l'admirateur des bateleurs et des Grands Comédiens! Il en sortit « fort bon humaniste, encore plus grand philosophe, lisant les poètes avec un soin tout particulier et les possédant parfaitement, surtout Térence ».

Il s'était fait, dans le collège, d'agréables et utiles camaraderies. La liaison dès cette époque avec le prince de Conti, frère du duc d'Enghien, beaucoup plus jeune, et qu'il devait revoir plus tard, reste, il est vrai, assez douteuse. L'amitié est plus certaine qui l'unit dès lors et l'unit jusqu'à la mort avec Chapelle, fils naturel d'un conseiller libre-penseur, Luillier. Celui-ci, lui ouvrant sa maison, lui permit d'y suivre les cours de Gassendi, qu'il chargeait de compléter l'éducation philosophique de son fils. Poquelin s'y trouva avec Hesnault, Cyrano de

Bergerac, Bernier, etc... Hesnault et lui, dans leur enthousiasme pour les doctrines épicuriennes, traduisirent en vers le poème de Lucrèce. On était au plus fort de la querelle entre Gassendi et Descartes. Ce dernier, à bout d'arguments, accusant son contradicteur de matérialisme, lui reprochait « de n'être que *chair*, tandis que lui était *l'esprit* ». « En m'appelant chair, lui répondit le fin bonhomme, vous ne m'ôtez pas l'esprit, comme, en vous appelant l'esprit, vous ne quittez pas votre corps; en sorte que vous n'êtes pas au-dessus de la condition humaine, ni moi au-dessous, bien que vous reniez ce qui est humain, et que moi je ne m'y croie pas étranger. » C'est ce qu'avait dit Térence, c'est ce que répétera sans relâche Molière. L'enseignement positif et sage, fondé sur l'observation et l'expérience, du respectable Gassendi (correspondant de Galilée), devait laisser chez l'auteur dramatique, comme chez tous ses condisciples, des traces ineffaçables.

En même temps que ces leçons de libre critique, Poquelin suivait-il des cours de théologie en Sorbonne? Tallemant l'a dit, mais Tallemant parle fort en l'air, au sujet de « ce garçon ». Ses études en droit à Orléans, où il prit sa licence, sérieuses ou bâclées, sont plus certaines. On croit même qu'il fit quelque début au barreau. En tout cas, en 1642, par précaution, le voici, pour s'assurer la survivance des fonctions paternelles, tapissier du roi en exercice; il accompagne Louis XIII à Narbonne. D'après une tradition douteuse, il aurait, dans cette tournée, risqué sa vie par une généreuse imprudence en cachant le conspirateur Cinq-Mars dans un cabinet de l'Archevêché. D'après une autre, moins invraisemblable, c'est à Montfrin, près de Nîmes, qu'il aurait rencontré, dans une troupe de comédiens nomades, la belle et déjà fameuse Madeleine Béjart, la maîtresse-femme, qui devait avoir sur sa vie et sa carrière une si étonnante influence.

C'était une grande et belle fille, d'allure franche et hardie, un peu virile, avec une magnifique chevelure d'un blond ardent. Elle avait débuté, de bonne heure, en quelque troupe errante. En 1636, à dix-huit ans, elle a déja si bien fait ses affaires qu'elle achète une petite maison avec jardin, pour 2 000 livres, dont moitié comptant et moitié emprunté. En 1638 elle est maîtresse en titre d'un gentilhomme avignonnais, le Seigneur de Modène et autres lieux. Quoique marié, ce noble aventurier lui reconnaît une fille, Françoise, baptisée à Saint-Eustache, à laquelle il donne pour parrain son propre fils légitime; la marraine est Marie Hervé, mère de Madeleine. Singulier personnage que ce Seigneur de Modène, qu'on voit courir fortune à travers complots, intrigues, duels, champs de bataille, en France, en Allemagne, en Italie, en Hongrie! Il revient, d'ailleurs, de temps à autre, à Madeleine. Au déclin de cette existence fantaisiste, c'est Madeleine qui le recueillera et lui épargnera une fin misérable en prenant le soin de ses affaires. Voilà le monde étrange où le jeune avocat, le philosophe convaincu, le lettré délicat, le poète franc et sensible, l'honnête fils de bourgeois réguliers va se trouver, tout d'un coup, jeté, entraîné, emporté à la fois par sa vocation impérieuse pour l'art dramatique et par sa passion pour Madeleine.

Y eut-il, à Montfrin, entre la comédienne et le jeune tapissier, encore novice, un coup de foudre qui lia dès lors leurs existences? Est-ce seulement au retour, à Paris, que s'opéra la liaison par toutes sortes d'affinités d'intelligence et d'ambitions? Peu importe. Toujours est-il que, le 3 janvier 1643, quelques jours avant ses vingt et un ans, le jeune homme avertit par écrit son père qu'il renonçait à la charge de tapissier royal. Il le priait d'en assurer la survivance à l'un de ses cadets. En même temps il sollicitait « tant sur ce qui pouvait lui appartenir de la succession de sa mère, qu'en avancement d'hoirie future », la somme de 630 livres « pour l'employer à l'effet mentionné ». Quel effet? Une association pour une entreprise dramatique avec la Béjart, son frère Joseph, sa sœur Geneviève, et quelques-uns de leurs amis. La troupe prenait le nom d'« Illustre Théâtre ».

Que le père Poquelin, que sa famille, que son entourage aient poussé les hauts cris à l'annonce de cette équipée, quoi de surprenant? Observations, supplications, lamentations, tout échouait devant l'entêtement du jeune homme. En désespoir de cause, Jean Poquelin aurait même prié Jean Pinel, un vieux maître de Jean-Baptiste, d'intercéder auprès de son élève. Pinel avait accepté la mission, mais, à la suite d'un entretien (résultat imprévu, déplorable et grotesque!) ce fut le magister, converti par le disciple, qui s'engagea lui-même dans la troupe pour y jouer les pédants. D'autre part, chez les Béjart, la situation devenait chaque jour plus pressante. En mars, le chef de famille, huissier aux eaux et forêts, meurt insolvable; la mère, matrone féconde et sans scrupules, renonce à la succession, « comme tutrice de Joseph, Madeleine, Geneviève et d'une petite non encore baptisée » (la future femme de Molière). Le père Poquelin, en grognant, se résigna, s'exécuta, finança; c'était la première fois, ce ne devait pas être la dernière.

La société de l' « Illustre Théâtre » fut constituée le 30 juin 1643, par acte dressé dans la maison de Marie Hervé. Les obligations des sociétaires y sont rigoureuses. « Nul ne pourra se retirer, avant ses débuts, sans un dédit de 3 000 livres tournois, et après, sans prévenir quatre mois d'avance, à peine d'hypothèques pour dommages-intérêts sur tous ses biens présents et à venir (même ses équipages, en quelque lieu et en quelque temps qu'ils puissent être trouvés). » Les pièces nouvelles sont distribuées par les auteurs « sans contredit », sans qu'aucun se puisse plaindre du rôle donné. Seule, Madeleine Béjart a la prérogative de choisir le rôle qu'elle voudra. En fait, on le sent bien, c'est Madeleine qui mène l'aventure. Elle est la forte tête de la troupe, elle en restera toujours l'administratrice et la caissière. Son jeune commanditaire, l'auteur acteur, est à bonne école.

L' « Illustre Théâtre » eut, d'abord, quelque peine à s'assurer le plus modeste gîte. Sauf Madeleine, et peut-être Denys Beys, tous les comparses de la troupe étaient des débutants : le vieux Pinel, sous le nom de La Couture, les deux autres Béjart, Joseph et Geneviève, Bonnenfant, clerc de procureur, Clérin, frère d'une actrice du Marais, la belle Catherine de Terlis, fille d'un commis au greffe, Madeleine Malingre, fille d'un menuisier, tous des échappés de famille, en rupture de bourgeoisie, dont les noms ne disaient rien au public. Une vieille salle de Jeu de Paume, très délabrée, sur un fossé du rempart, près de la Porte de Nesle (aujourd'hui rue Mazarine) leur fut enfin louée pour trois ans, moyennant 1 900 livres tournois. Sans rancune, par l'entremise même du traître Pinel, le vieux Poquelin fit une nouvelle avance de 160 livres.

En attendant le nettoyage et les réparations, on alla s'exercer à Rouen, en octobre et novembre, durant la foire de Saint-Romain. Au mois de janvier 1644, on revient, on s'installe, on débute. On ne donne d'abord que des tragédies. Madeleine y triomphe et Jean-Baptiste en raffole. Auprès des pièces en vogue, par Mairet, Rotrou, Pierre Corneille, s'étalent, sur l'affiche, des titres flambants d'œuvres nouvelles : *Scœvola*, par du Ryer, *Mort de Chrispe* et *Mort de Sénèque* par Tristan l'Hermite, *Artaxerce* par Magnon. L'un des fournisseurs les plus féconds de la compagnie, et qu'elle s'associe, le 28 juin, en même temps qu'un danseur, c'est Nicolas Desfontaines. Tous ses héros, à lui, sont illustres : *Perna, ou la Suite de l'Illustre Bassa, Saint-Alexis ou l'Illustre Olympie, le Martyr de Saint-Genest ou l'Illustre Comédien.* Malgré tant d'illustres tragédies et malgré le succès de Madeleine dans les pièces de Tristan où elle jouait les rôles passionnés de l'impératrice Fauste, cette Phèdre romaine, et de l'héroïque Epicharie, les résultats de la saison furent lamentables. Le 9 septembre, il fallut emprunter 1 100 livres à Louis Baulot, conseiller et maître d'hôtel du roi, le 17 décembre 2 000 livres à un certain Pommier. On résilie, en même temps, le bail de la Porte de Nesle, on déménage au galop et, repassant la Seine, pour se rapprocher du quartier aristocratique, le Marais, on s'installe dans un autre Jeu de Paume, dit de la Croix-Noire, rue des Barres, près du port Saint-Paul. Ici, nouvel emprunt, sur gages, à une marchande à la toilette (291 livres tournois) par M. de Molière, dont il ne pourra, hélas! s'acquitter avec les intérêts, que quatorze ans après, lors de la première représentation de *l'Étourdi*,

En attendant, la misère continuait. Le 2 août 1645, le marchand qui fournit les chandelles à la compagnie, Maître Fausser, pour une somme de 142 livres, et le sieur Pommier, sus-nommé, pour son prêt de l'année précédente, font emprisonner le pauvre Molière au Châtelêt. Il demande et obtient sa liberté provisoire, sous caution, mais deux jours après, sur requête de Dubourg, linger, créancier pour 150 livres, il est remis en geôle. On ne sait par quelles transactions il en put sortir.

En tout cas, à peine dehors, le 13 août, il signe un second contrat de société avec les trois Béjart, deux nouvelles camarades, Catherine Bourgeois et Germaine Rabel, et Clérin, le seul resté fidèle des premières recrues. Les autres avaient fui sous la bourrasque. Tous les Béjart, mère et fils, étaient ruinés. Quant à Molière, la meute de ses créanciers n'allait pas cesser, de près ou de loin, durant toute sa jeunesse, de le poursuivre. Ce fut encore son père, comme l'atteste un inventaire posthume, qui dut, à plusieurs reprises, les apaiser par des acomptes ou satisfaire par règlements.

Mais la Béjart et Molière n'étaient pas gens à désespérer. Paris ne les nourrit plus? Eh bien! On quittera Paris. Quelle joie, d'ailleurs, de reprendre la vie aventureuse et libre des comédiens nomades, de courir les provinces sur le moderne char de Thespis, la charrette pittoresque que va bientôt immortaliser l'ami Scarron dans son *Roman comique*!... Dans leur malchance obstinée, les deux associés s'étaient, l'un et l'autre, par leur droiture et leur activité, leur intelligence et leurs talents, conquis déjà des sympathies nombreuses et des amitiés confiantes. Peu de temps après leur déconfiture à Paris, on les trouve à Bordeaux protégés par le gouverneur, le duc d'Épernon. Bientôt la troupe s'associe à celle de Du Fresne. Sa réputation grandit vite. L'auteur du *Roman comique* fera bientôt l'éloge de celle qui enchante les Manceaux, en la déclarant « aussi complète que celle du prince d'Orange et de Son Altesse d'Épernon ».

Dans l'automne de 1647, après un séjour à Toulouse, la voici à Albi et à Carcassonne, en 1648, au printemps, à Nantes et à Fontenay-le-Comte, en 1649, à Poitiers, Angoulême, Limoges, puis de nouveau à Toulouse, pour les fêtes données par les Capitouls au comte de Rouvre, lieutenant général, qui va ouvrir les États, le 1er juin, à Montpellier. Durant la session, on reste sans doute à Montpellier. En novembre, on passe à Narbonne, avec le désir de retourner dans l'ouest. Mais les circonstances sont fâcheuses, la France entière est agitée par les troubles de la Fronde. Le maire de Poitiers refuse la visite des comédiens, « attendu la misère du temps et la cherté des blés ». Ils errent de nouveau et triment dans le Midi, jusqu'à ce que le duc d'Epernon (février 1650) leur donne l'ordre de quitter Narbonne pour se rendre à Agen où ils séjourneront jusqu'à sa disgrâce, en juillet ou septembre. La session des États du Languedoc s'ouvrant alors à Pézenas, on s'y transporte pour trois mois. Au printemps suivant (14 avril 1651) Molière fait un voyage à Paris, probablement seul, et pour affaires personnelles (un nouvel emprunt à son père par acte notarié) mais regagne vite son Midi. Il court de Lyon à Vienne, à Carcassonne et à Pézenas (sessions des États en 1651 et 1652), en d'autres stations encore. Néanmoins, c'est à Lyon que se font les haltes les plus fréquentes, les recettes les plus fructueuses. Lyon est alors, dans le Midi, le grand centre commercial et financier, cosmopolite et lettré. Depuis longtemps, pour la nombreuse colonie étrangère, y fonctionne un théâtre italien.

C'est à Lyon, en 1653 ou 1655 au plus tard, que l'acteur-poète obtient enfin son premier succès avec *l'Etourdi*. Le sujet en était déjà familier aux amateurs de la ville. L'*Inavvertito*, comédie de Niccolo Barbieri, dit Beltrame, dont s'inspire Molière, y avait été joué d'abord par l'auteur lui-même et sa troupe des Gelosi avec grand succès, puis reprise par ses successeurs en même temps que d'autres pièces célèbres de L. Grotto et de Nicc. Secchi, que Molière n'oubliera pas. La renommée de la troupe grandissait. Elle fit alors une heureuse recrue : Marquise-Thérèse de Gorla, fille d'un charlatan des Grisons, qui, en épousant Du Parc, s'engage avec lui. C'est cette « Belle Marquise » qui eut l'honneur, successivement ou conjointement, d'être courtisée par les trois plus grands génies du théâtre français, Corneille, en son déclin, qu'elle dédaigna, Molière, en sa première gloire, dont elle se joua, Racine, en ses débuts, qu'elle aima peut-être. Quinze ans plus tard, après s'être brouillé avec Molière, son premier protecteur, et lui avoir enlevé l'une de ses trois étoiles, l'auteur d'*Andromaque* et de *Britannicus* suivra son cercueil en pleurant.

Les séjours à Lyon furent interrompus, la même année, par des excursions à Dijon, Grenoble, Montbrison, etc., puis par une longue halte à la Grange des Prés, résidence du Prince de Conti, en disgrâce après la Fronde, durant la session des États. L'ancien condisciple de Molière au collège de Clermont était, pour l'instant, entre les mains d'une superbe et hautaine maîtresse, Mme de Calvimont, devant laquelle on doutait « laquelle des deux était plus surprenante, de sa beauté ou de sa sottise ». C'était de plus, une « femme à cadeaux », et comme le directeur d'une autre troupe errante, Cormier, lui avait déjà graissé les doigts, Molière, bien qu'appelé, sur l'ordre du prince, par l'abbé de Cosnac, fut assez mal reçu. Le prince refusa même de payer aux comédiens leurs frais de voyage : « Ce mauvais procédé me touchant de dépit, dit Cosnac, je résolus de les faire monter sur le théâtre à Pézenas et de leur donner mille écus de mon argent, plutôt que de leur manquer de parole ». Mais, dès qu'il les sut prêts à jouer pour des bourgeois, Conti, « piqué d'honneur par cette manière d'agir, et pressé par Sarrazin, son secrétaire », accorda une représentation à La Grange. Pour Mme de Calvimont, naturellement, la troupe est détestable. Les hôtes du prince en jugent autrement. Il faut plusieurs jours encore d'insistances pour que Sarrazin et Cosnac, remportent la victoire. Sarrazin, amoureux de la Du Parc, qu'il veut retenir, a trouvé le bon moyen de « gagner » Mme de Calvimont. Revanche complète, alors : Molière reçoit une pension, en attendant qu'il suive à Montpellier, quelques mois après, son capricieux protecteur qui, après avoir lâché la Calvimont, s'est mis en route pour aller épouser à Paris Anne Martinozzi, nièce de Mazarin.

A Montpellier, quelques jours, Conti fait la noce, Molière joue pour les Messieurs des États. Le 6 janvier 1654, nous l'y trouvons encore, parrain d'un nouveau-né dans sa troupe, avec Madeleine de l'Hermitte pour commère. Le 7 mars, rentré à Lyon, il y baptise un enfant des Du Parc, et le 26 du même mois, un autre enfant de camarades, cette fois avec la Du Parc pour commère. C'est plaisir de voir combien la joyeuse compagnie, à travers tous ses déplacements, travaille à la repopulation. Ces actes de naissances, semés sur sa route comme les cailloux blancs du Petit Poucet, sont les plus sûrs indices qui nous permettent de retrouver ses traces. Un autre baptême, où figure encore la Du Parc, marraine infatigable, avec un de ses camarades pour compère, nous les montre en novembre, toujours à Lyon

En décembre, rappel à Montpellier par Conti, qui, marié, assagé, amnistié, y vient, avec sa jeune femme, une Mazarine délurée, présider en personne les États. Cette fois, grand accueil et grand succès. On y raccole une autre troupe de danseurs et musiciens, on y enrôle bon nombre d'amateurs, marquis, barons, officiers, robins, bourgeois, pour y jouer, devant le couple princier, l'étrange ballet-moralité des *Incompatibles*. C'est une suite d'entrées, avec des couples allégoriques de danseurs, symbolisant des êtres ou idées contradictoires, *Fortune et Vertu*, *Vieillards et Jeunes Gens*, *Philosophes et Soldats*, *Charlatans et Campagnards*, *le Sage et l'Amoureux*, *la Vérité et le Courtisan*, *le Silence et les Femmes*, etc., etc.... Suivant l'usage, quelques vers, avec allusions personnelles, inscrits sur le programme, expliquaient chaque entrée. Molière y figure deux fois, comme *Poète*, compagnon du *Peintre* et de l'*Alchimiste*, dans l'incompatibilité avec l'*Argent*, et comme la *Harengère*, dans sa rencontre hostile avec l'*Éloquence*. Travesti en femme des Halles, annonçant l'association des contraires, de la crudité gauloise et de la gravité classique, de la Farce et de la Poésie, le comédien y révèle déjà ses espérances et les ambitions de l'auteur :

> Je fais d'aussi beaux vers que ceux que je récite...

Est-ce alors que furent composées et jouées, sous un autre titre, *les Précieuses ridicules*? On l'a pensé. Il semble aussi qu'après la mort de Sarrazin le prince de Conti ait alors offert une place de secrétaire au comédien. Molière, heureusement, refusa.

Au printemps de 1655, retour à Lyon où l'on marie deux camarades. Succès de gloire, succès d'argent. Le burlesque d'Assoucy, poète-musicien, vagabond de nature, joueur et noceur de profession, devient « dans cette Cocagne » durant trois mois, le commensal de la troupe hospitalère :

> En cette douce compagnie
> Je passais doucement la vie.
> Jamais plus gueux ne fut plus gras !

Quand ces bons compagnons, en novembre, redescendent vers Pézenas où Conti les rappelle, le bohême ne les lâche pas. A Avignon, il se fait décaver dans un tripot, et ce sont eux qui le tirent d'affaire. Il ne les quitte qu'à Narbonne, pour son malheur. A son arrivée à Montpellier, on l'emprisonne comme athée.

Impossible d'ailleurs, de suivre, dans ses déplacements continuels, la troupe partout fêtée, à Carcassonne, Castelnaudary, Toulouse, Agen, etc., on ne sait où. En 1656, Béziers applaudit, pour la premiere fois, *le Dépit amoureux*, dont le succès se poursuit en Languedoc, Dauphiné, Bourgogne jusqu'à Dijon. En 1657, même tournée dans les mêmes régions, avec retour à Pézenas, à l'automne, pour les États. Mais tout cela n'est point Paris ! Quand donc pourra-t-on y remonter vers ce Paris si tristement abandonné, toujours regretté, un Paris enfin pacifié, le séjour du roi, de la cour, des bons juges ? N'est-ce pas là, pour le comédien et ses compagnons, que sourient la gloire et la fortune ? N'est-ce pas là, pour le poète en gestation de génie, que fermentent les idées propices à son éclosion? L'apaisement des esprits, l'approche d'un nouveau règne, un besoin général d'ordre, de clarté, de vérité, de naturel, de gaîté, dans la littérature comme dans la société, le succès des œuvres de la pensée qui répondent à cette aspiration nouvelle, tout semble lui montrer une place à prendre.

Enfin, enfin, en mai 1658, on peut se transporter de Grenoble à Rouen, se rapprocher du Paradis perdu! A Rouen, le trio des étoiles, la Béjart, la Du Parc, la De Brie, éblouissent les Normands. La Du Parc en affole quelques-uns, parmi lesquels les deux frères Corneille, le vieux et le jeune. On sait avec quelle verve orgueilleuse l'auteur du *Cid* se vengea des mépris de la comédienne. De Rouen, Molière put aisément pousser des pointes vers Paris. Il n'y apparaissait plus en déclassé besogneux, en débutant. Une réputation, patiemment conquise, l'y précédait. Beaucoup d'amis l'y attendaient. Ses qualités exceptionnelles d'homme actif, de beau parleur, de fin diplomate, firent le reste. Le duc d'Anjou, frère du roi (plus tard duc d'Orléans), lui accorda, à lui et à sa troupe « l'honneur de sa protection, avec 300 livres de pension pour chaque comédien ». Plus tard, il est vrai, Lagrange ajoutera, sur son registre, en marge : « Nota que les 300 livres n'ont pas été payées. » N'importe! L'honneur suffisait. Molière avait été présenté par le jeune duc à sa mère, la régente Anne d'Autriche, à son frère, le roi Louis XIV. Les portes de la cour, celles de l'avenir étaient entrebaillées. C'était à Molière de les ouvrir toutes grandes. Il était trop avisé, trop résolu, trop bien armé, pour y manquer.

Il avait trente-six ans. Au physique, nous le connaissons par divers portraits, peints ou gravés. Les plus parlants sont ceux de la Comédie-Française et du Musée Condé, à Chantilly. A Paris, c'est le comédien en scène, l'acteur tragique, sous figure de héros, dans un de ses grands rôles préférés, celui de César (*Mort de Pompée*). Presque à mi-corps, cuirassé, drapé de pourpre, à la romaine, le bras nu, il étreint, d'un geste tragique, son bâton de commandement. La tête, presque de face, chargée d'une lourde perruque et d'une grosse couronne de lauriers, se tourne, un peu relevée, d'un air de défi. Peinture théâtrale, un peu déclamatoire, qui fait penser à la diatribe caricaturale du venimeux Montfleury, son rival et concurrent de l'Hôtel de Bourgogne :

> Un héros de romans! ... Il vient, le nez au vent,
> Les pieds en parenthèse et l'épaule en avant,
> Sa perruque, qui suit le costé qu'il avance,
> Plus pleine de lauriers qu'un jambon de Mayence,
> Les mains sur ses costés, d'un air peu négligé,
> La teste sur le dos comme un mulet chargé,
> Les yeux fort égarés, puis débitant son rôle,
> D'un hoquet éternel sépare ses paroles.

C'est une caricature malveillante. Mais il n'y a rien de tel que la caricature et la malveillance pour fixer, par excès, les traits d'une physionomie. Portrait et caricature sont évidemment tirés d'après le vif; la seconde confirme l'exactitude du premier. On suppose, avec quelque vraisemblance, cette toile peinte par Mignard, à Avignon ou à Paris, dans les premiers temps de leur liaison, lorsque Molière n'était guère connu que comme acteur.

A Chantilly, en revanche, dans ce simple buste en médaillon, d'une date un peu postérieure, comme dans d'autres portraits de Mignard, aujourd'hui perdus, mais dont les gravures nous restent, c'est bien l'homme lui-même, le poète et le penseur. Mêmes traits caractéristiques que dans le César. Yeux saillants, noirs et vifs, aux regards droits et fermes, gros sourcils, le teint brun, le nez fort, les narines frémissantes, des lèvres épaisses et sanguines. Rien d'un bellâtre, ni dans l'un, ni dans l'autre. Dans tous les deux l'impression d'une virilité forte et franche. A Paris, chez le comédien plus jeune, une attitude résolue, fière, militante, provocante, qui n'est pas tout entière peut-être exigée par le rôle. A Chantilly, chez l'homme plus mûr, déjà fatigué par le travail et les soucis, toute la gravité simple d'une expérience amère et résignée, avec un effort de vague sourire singulièrement touchant. D'autres effigies, en pied, dans la toile des *Farceurs italiens et français*, à la Comédie-Française, ou sur les frontispices de quelques pièces improvisées, nous ont conservé, sous un troisième aspect, celui de l'acteur comique, la figure complète du grand homme. Toutes ces images nous permettent de le faire revivre devant nous, tel que nous l'a décrit la fille de son camarade Croisy, Mlle Poisson : « Ni trop gras, ni trop maigre; la taille plutôt grande que petite, le port noble, la jambe belle. Il marchait gravement, l'air sérieux ».

Sérieux, il pouvait l'être. Par ces quinze années

de vagabondage aventureux et laborieux à travers la France, il avait acquis, à ses dépens, une rare expérience des choses et des gens. De toutes les humiliations subies, de toutes les vicissitudes traversées, de toutes les luttes affrontées, il rapportait, avec un esprit très dégagé des conventions mondaines et bourgeoises, des habitudes d'observation libre et personnelle, qui le rendaient de beaucoup supérieur à tous les lettrés de cabinet. Dans l'agitation de ces voyages, il n'avait pas, d'ailleurs, recueilli que de l'expérience. Infatigable travailleur, il avait accumulé les projets, études, ébauches. Qui saura ce que contenait cette fameuse malle, bourrée de manuscrits, où Vinot et Lagrange, retrouvèrent, après sa mort, *Don Garcie*, *l'Impromptu de Versailles*, *Don Juan*, *Mélicerte*, *les Amants magnifiques*, *la Comtesse d'Escarbagnas*, *le Malade imaginaire*, et dont la trace se perd chez les héritiers de Lagrange? Elle était déjà bien garnie à la rentrée dans Paris, car on l'y verra puiser, dans les moments de presse, jusqu'à sa mort. Rien ne lui manquait donc plus que les occasions pour réaliser, dans leur plénitude, ses rêves et ses ambitions de comédien, de poète, de penseur. Aussi, de quelle ardeur saisit-il la première qui se présenta!

II

LES PREMIÈRES BATAILLES

(1658-1664)

Le 24 octobre 1658 marque, dans la carrière du poète et dans l'histoire des lettres, une date décisive. Ce jour-là, dans la Grande Salle des Gardes, au Vieux Louvre, le comédien ambulant, avec sa troupe, débute devant Louis XIV. Le roi avait 20 ans. Ardent au plaisir, ardent au travail, il se préparait à saisir les rênes de l'État lorsque le vieux cardinal les laisserait tomber, et sa sagacité précoce choisissait déjà, en silence, autour de lui, les hommes qui lui pourraient servir en ses amusements comme en ses ambitions.

La première pièce représentée fut *Nicomède*, de Pierre Corneille. Le choix était habile ! Dans cette apologie de la royauté absolue et magnanime, plus d'une tirade, lancée par l'acteur principal, dut frapper au cœur le jeune souverain, comme un appel vers la gloire. Le gros succès, en apparence, fut pour les trois Grâces, la Béjart, la Du Parc et la De Brie.

Mais, quand la tragédie fut achevée, Molière, « qui aimait la harangue », s'avança sur la scène « pour « remercier Sa Majesté de la bonté qu'elle avait eue d'excuser ses défauts et ceux de la troupe ». Il ajouta que « l'envie qu'ils avaient eue de divertir le plus grand roi du monde leur avait fait oublier que Sa Majesté avait à son service d'excellents originaux, dont ils n'étaient que de très faibles copies, mais puisqu'Elle avait bien voulu souffrir leurs manières de campagne, il la suppliait très humblement d'avoir pour agréable qu'il lui donnât un de ces petits divertissements qui lui avaient acquis quelque réputation et dont il régalait les provinces ».

Ce compliment, d'une modestie maligne, où l'orgueil naissant du roi et la vanité des Comédiens de la Troupe Royale, assistant aux débuts de leurs rivaux, devaient trouver leur compte, fut débité avec tant d'aisance et de grâce que les applaudissements retentirent. La farce annoncée, *le Docteur amoureux*, jouée encore par Molière, en déchaînant le rire, compléta la victoire.

Dès ce moment, y eut-il, entre l'humble fils du tapissier, inquiet et déclassé, mais « possédant et exerçant toutes les qualités d'un parfait galant homme », et le superbe héritier du trône de France, comme un pressentiment de l'alliance prochaine qu'allait nouer entre eux la communauté des goûts littéraires, des ambitions glorieuses, des instincts personnels? Chez l'un et l'autre, monarque apprenti, comédien expert, même intelligence pratique de la vie, même promptitude à juger les hommes, estimer les circonstances et s'en servir. En tout cas, ils se comprirent vite et s'entendirent, franchement ou à demi-mot, le plus souvent. C'est bien à Louis XIV que la France doit Molière. Sans le roi, sans sa protection fidèle, nous n'aurions peut-être qu'un seul Molière, celui du rire, farceur incomparable, farceur unique, sans doute, mais enfin un Molière réduit, exclusivement comique et traditionnel. Nous n'aurions pas le grand Molière, si original et si personnel, à la fois satirique et moraliste, le vaillant poète, créateur des grands types humains de vice et de vertu, *Tartufe, Don Juan*, *le Misanthrope*.

Toujours est-il que le lendemain, avant de partir pour Lyon, le roi voulut témoigner à la troupe son contentement. Il mit à sa disposition la salle du Petit Bourbon, attenante au Louvre, et communiquant avec les appartements royaux. Les représentations, alternant avec celles de Scaramouche et de ses acteurs italiens, y commencèrent huit jours après. D'abord, rien que des tragédies, *Héraclius*, *Cinna, Rodogune*, *le Cid*, *Pompée* et peu de succès. L'accent plus simple que Molière et ses compagnons s'efforçaient d'introduire dans l'éloquence cornélienne, étonnait et scandalisait des oreilles accoutumées aux déclamations ronflantes des Grands Comédiens de l'Hôtel de Bourgogne. Mais lorsque ce jeu naturel apparut dans les « deux Nouveautés », *l'Etourdi* puis *le Dépit amoureux*, que l'acteur-auteur se hâta de leur offrir, la surprise du Parterre tourna vite en joyeuse admiration. Le succès de Molière dans le rôle de Mascarille fut étourdissant, au dire même de ses plus violents détracteurs. Treize ans après, l'ignoble Boulanger de Chalussay, dans son *Elomire*

Hypocondre, mettant Molière en scène, lui fera dire :

> J'affiche, je harangue et fais tout de mon mieux,
> Mais inutilement je tentai la fortune.
> Après Héraclius on siffla Rodogune...
> ....Dans ce sensible affront, ne sachant où m'en prendre
> Je me vis mille fois sur le point de me pendre..
> ...Où je devais périr, je rencontrai le port.
> Je veux dire qu'au lieu des princes de Corneille,
> Je jouai l'Étourdi, qui fut une merveille,
> Car à peine on m'eut vu, la hallebarde au poing,
> A peine on eut ouï mon plaisant baragouin,
> Vu mon habit, ma toque, et ma barbe et ma fraise,
> Que tous les spectateurs furent transportés d'aise...

Le roi, sur ces entrefaites, était rentré à Paris. Le Maréchal de la Meilleraye lui offrit une petite fête à son château de Chilly, le 28 avril. Molière, appelé, pour sa seconde rencontre avec le souverain, lui donne l'étrenne du *Dépit amoureux*. Quelques jours après, on demande au Louvre *l'Étourdi*, déjà applaudi au Petit-Bourbon. Comme les bourgeois et vilains de Paris, la noble assistance, mise en joie, réclame encore, réclame surtout d'autres farces. *Le Médecin volant*, *Gros-René écolier* (l'une retrouvée dans les papiers de Jean-Baptiste Rousseau, l'autre, en cinq actes, perdue), *le Dépit amoureux*, préparent la cour et la ville à l'éclat d'une prochaine escarmouche autrement hardie.

Le 18 novembre 1659, la *Farce des Précieuses*, déjà connue aussi dans le Midi, apparut sur la scène parisienne avec *Cinna*. Le succès fut aussi rapide qu'imprévu. Les acteurs, contre l'usage, n'avaient même osé doubler les prix pour la première représentation. On dut le faire dès la seconde, et l'on put le faire pendant longtemps. Cette première attaque contre le pédantisme et le maniérisme dont la littérature était empoisonnée depuis près d'un demi-siècle, répondait trop à l'état général des esprits, après les folles équipées de la Fronde, pour n'être pas saluée, comme un bon présage, par la génération nouvelle. Après les régences agitées de Marie de Médicis et d'Anne d'Autriche, les luttes de Richelieu et Mazarin contre l'anarchie et l'insolence nobiliaires, l'écrasement de la littérature indépendante et populaire par le formalisme des grammairiens, la préciosité des salons, la sentimentalité factice des pastorales, l'emphase et la grossièreté des imbroglios tragi-comiques, c'était dans toute la nation, surtout à Paris, un besoin irrésistible d'ordre et de paix, de bon sens, de vérité, de raison et de gaieté, dans les plaisirs comme dans la vie. Descartes, par le *Discours de la Méthode* (1637) et le *Traité des Passions* (1649), avait puissamment orienté dans ce sens les esprits réfléchis. Pascal, par *les Provinciales* (1656-1657), venait de déclarer la guerre à toutes les hypocrisies et à tous les mensonges. Tous les espoirs se tournaient vers le jeune roi, qu'on sentait viril, impatient de briser les freins imposés à ses appétits de gloire et de popularité par les prétentions des courtisans et les chicanes des parlementaires.

Lorsque furent données *les Précieuses*, le roi et son frère étaient dans les Pyrénées. Si le premier jour ce fut la victoire, ce fut aussi le scandale. Tout l'Hôtel de Rambouillet était là! Cette grosse pierre lancée brusquement dans le tranquille étang des vanités littéraires y souleva aussitôt un immense coassement de grenouilles. Un vieux bourgeois eut beau crier : « Courage, courage, Molière, voilà de la bonne comédie! ». Précieux et Précieuses s'agitent, chuchottent, complotent. Par l'influence d'un *alcôviste* de qualité, les représentations sont suspendues. Sans perdre la tête, Molière envoie la pièce au roi. Lorsqu'elle lui revient avec l'approbation attendue, il la remet le 2 décembre sur l'affiche, avec un titre plus noble, mais déjà plus provocant : *Les Précieuses Ridicules, Comédie.* Le succès fut énorme et ne se ralentit pas durant quatre mois. Outre les trois représentations par semaine au Petit-Bourbon, il en fallut donner beaucoup d'autres durant le Carnaval et le Carême, *en visite*. « On est venu à Paris de vingt lieues à la ronde, dit Gui Patin, et ceux qui font profession de galanterie et n'avaient pas vu *les Précieuses* n'osaient l'avouer sans rougir. »

Dès que le roi fut rentré à Paris avec sa jeune femme, Marie-Thérèse, il se fit jouer la pièce discutée à Vincennes le 29 juillet, puis les 21 et 26 octobre, au Louvre et chez Mazarin. Le Cardinal était déjà très malade. On remarqua que le roi se tint, tout le temps, debout, respectueusement, comme un invité, derrière le fauteuil de son vieux ministre. On était alors en train de démolir l'Hôtel du Petit-Bourbon pour commencer la Colonnade du Louvre. La troupe allait se trouver sans gîte. Le Cardinal lui témoigna sa sympathie par un don de 3000 écus, le roi par un ordre envoyé à M. de Ratabon, surintendant des bâtiments, très hostile aux comédiens, celui de mettre en état, pour eux, la Salle de Théâtre au

Palais-Royal (ancien Palais-Cardinal), construite par Richelieu et abandonnée depuis sa mort.

Décidément, Molière était bien en cour. Sa renommée s'établissait, mais avec la renommée, s'amassait, grossissait, s'irritait, de tous côtés, contre lui, la meute d'ennemis qui ne cessera d'aboyer à ses trousses. La guerre ouverte par *les Précieuses*, n'était encore qu'une petite guerre, professionnelle et littéraire, à la fois contre les comédiens rivaux de l'Hôtel de Bourgogne et du Marais, les auteurs attardés des amphigouris et vociférations héroïques, les vanités du pédantisme féminin et de l'infatuation mondaine. Léger combat d'escarmouche, brève mêlée d'avant-garde! Mais le beau lutteur est mis en train par ce premier avantage. On va bientôt le voir, par des attaques hardies, entrecoupées de retraites prudentes, s'avancer patiemment, opiniâtrement, vers un but, d'abord indécis peut-être, mais qui, peu à peu, s'éclaire, s'agrandit, se rapproche.

Avant d'être expulsés du Petit-Bourbon, les « Comédiens de Monsieur » y avaient causé un nouveau scandale par un nouveau succès. Le 28 mai 1660, Molière, pour répondre aux gémissements des pruderies précieuses, y avait donné et joué en personne *le Cocu imaginaire*. Pouvait-on plus franchement s'affirmer comme l'héritier conscient et heureux des ancêtres gaulois, conteurs libres et goguenards du Moyen âge, farceurs et paradistes de la foire? Déjà, après *les Précieuses* on lui avait prêté ces paroles : « Je n'ai plus que faire d'étudier Plaute et Térence, je n'ai plus qu'à imiter le monde ». La saillie ne saurait être exacte dans ces termes absolus, car Molière ne cessa jamais de fréquenter les grands classiques; mais la pensée en est juste. Désormais, Molière, sans hésitation, va suivre ses instincts naturels, et s'il étudie, traduit, imite les Latins comme les Espagnols, ce ne sera jamais qu'en remaniant et refondant, au creuset de son génie personnel, les éléments qu'il y recueille.

La nouvelle bravade vis-à-vis de la pruderie précieuse fut accueillie avec une joie bruyante. La plupart des gens de qualité, autant que les robins, marchands, artisans, applaudirent cette remontée de gaîté populaire et de libre langage, sur les tréteaux d'un Palais. Bien que *le Cocu* fût joué en plein été, durant les fêtes d'un mariage royal, il fallut le donner quarante fois de suite, devant une salle comble aussi bien dans les loges qu'au parterre. Parmi les applaudisseurs se trouvaient, sans doute, auprès du vieux Sorel, l'un des premiers adversaires du bel esprit et de la préciosité, quelques condisciples de Molière, Chapelle et Hesnault; parmi les lettrés, La Fontaine, Maucroix, Furetière, ses contemporains, Boileau et Racine, ses cadets. Dès ce moment se formait l'avant-garde de ses défenseurs, de tous les dégoûtés à la fois par les excès de la préciosité et ceux du burlesque. Boileau entre en campagne avec sa première Satire. Racine soumet à Molière sa *Théogène et Chariclée*. Tout cela se prépare d'abord gaîment autour de la table, en de fréquentes réunions aux cabarets de « la Croix de Lorraine » et du « Mouton Blanc », d'où bientôt jaillira ce joyeux et irrévérencieux manifeste, *le Chapelain décoiffé*.

Lorsque *le Cocu* se présenta à la cour, il n'effaroucha pas davantage son noble auditoire. Le roi y prit grand plaisir. A son exemple cardinaux, princes, grands seigneurs, financiers, appellent à qui mieux mieux, dans leurs salons, l'étonnant farceur et poète, le Molière-Sganarelle. Comme *les Précieuses*, *le Cocu* est de suite imité, parodié, critiqué, accusé de plagiat, subit toutes les épreuves que la jalousie et la sottise infligent d'ordinaire aux révélations trop éclatantes d'un talent nouveau.

Molière, comme Shakespeare, homme de théâtre avant tout, sachant qu'une œuvre s'améliore, se complète, s'enrichit, à chaque répresentation, par le jeu des acteurs et le contact avec le public, n'avait, en province, publié aucune de ses pièces. *Les Précieuses* avaient été imprimées, malgré lui, sur une copie dérobée, clandestinement vendue à un libraire : « C'est une chose étrange, écrit-il, qu'on imprime les gens malgré eux... J'avais résolu de ne faire voir ces Précieuses qu'à la chandelle pour ne pas faire mentir le proverbe (Elle est belle à la chandelle mais le grand jour gâte tout)..... J'ai eu beau crier : O temps, ô mœurs... » Toute sa vie, en noble artiste, il gardera cette peur de l'imprimerie qui fixe trop vite la pensée en pleine activité, et lorsqu'il publiera, ce ne sera que par nécessité, pour se défendre, presque toujours avec une incroyable négligence. Pour *le Cocu*, il avait évité la fuite des copies, mais inutilement. Un admirateur enthousiaste, M. de la Neufvillaine, suivit les représentations jusqu'à ce qu'il sût la pièce par cœur et la pût livrer au libraire Jean Ribou. Quand Molière, averti, fit saisir le tirage de douze cents exemplaires, on n'en trouva plus que quatre.

Ce fut par *le Cocu* que s'inaugura, le 20 janvier 1661, la salle du Palais-Royal. On le donna plusieurs fois de suite avec *les Précieuses*. Amis ou ennemis, avec sympathie ou jalousie, tous s'accordent alors à reconnaître, dans le chef de la troupe, le plus désopilant des farceurs, mais un simple farceur. Cela pouvait-il suffire aux ambitions du poète ? Conscient des forces supérieures qui s'agitaient en lui, l'auteur du *Dépit*, en montant sur une plus grande scène, entendait bien aussi s'élever vers de plus hautes destinées. La tragi-comédie, l'intrigue courtoise, la pastorale même, qui avaient amusé sa jeunesse, conservaient toujours pour lui, comme pour le roi, pour la cour et les amateurs lettrés, par leurs libertés imaginatives, mélanges de rires et de larmes, de sentimentalité, raillerie et poésie, un légitime attrait. Dans ses tournées provinciales, où il jouait constamment des rôles héroïques, il s'était essayé, lui aussi, à des compositions du même genre. On lui en verra, plus tard, sortir de ses tiroirs, en toute occasion, des canevas auxquels il donnera des formes nouvelles. Pour le moment, trompé peut-être par les efforts de labeurs que lui avait imposés cette ambition juvénile, inopportune ou prématurée, il crut frapper un grand coup en donnant *Don Garcie de Navarre* ou *le Prince jaloux*.

Le contraste de cette étude passionnelle, sérieuse, héroïque, élégiaque, avec les fines railleries et franches gauloiseries des *Précieuses* et du *Cocu* était vraiment trop violent. Le public parisien, dérouté, n'y reconnut plus son amuseur déjà classé, et, par ses succès même, condamné au rire continu. Ce fut la chute à plat, complète. Mauvaise joie chez les envieux et les rivaux, consternation inquiète chez les amis. La mode n'était plus, décidément, à ces mélanges des genres, où la vie se présentait sous toutes ses variétés d'aspect. Nos vieux instincts, incurablement formalistes et doctrinaires, réveillés par la puérile et bruyante querelle des unités, exigeaient de l'unité apparente à tout prix, non seulement dans le temps, le lieu, l'action, mais encore dans la suite et la nature de l'émotion théâtrale. Quelques années auparavant le grand Corneille, rivé, lui aussi, par l'admiration, à la formule victorieuse, n'avait pu faire accepter son beau drame de *Don Sanche d'Aragon* par le préjugé public. *Don Garcie*, d'une exécution très inférieure, devait, à plus forte raison, subir le même sort. N'oublions pas, néanmoins, qu'avant les tragédies de Racine ce fut le plus sérieux acheminement vers le drame psychologique, uniquement fondé sur le jeu des passions.

Ce n'est pas un tel *four* (le mot est du bon Lagrange) qui pouvait, d'ailleurs, démonter un homme de ressources tel que Molière. D'abord, il en appela de la ville à la Cour, qui cette fois, protesta contre la ville, mais inutilement. Recommandé par Versailles et par Chantilly, *Don Garcie* essaiera bien de reparaître à Paris deux ans après, mais la froideur y restera la même, et la pièce ne sera imprimée qu'après la mort de Molière. Celui-ci, dans l'intervalle de ces deux chutes, n'avait pas, on le pense bien, perdu son temps. Pour satisfaire à la fois tous ses spectateurs, courtisans et bourgeois, nobles et vilains, il leur avait servi un plat composite, mélange de farce et de morale, d'amusants quiproquos et de saines pensées, à l'usage du petit et du grand monde, *L'Ecole des Maris*, jouée à Paris le 24 juin 1661, avait, en deux heures, fait regagner à l'auteur de *Don Garcie* tout le terrain perdu pour sa popularité. Elle avait fait mieux encore, elle avait fait regagner, suivant les bons juges, à l'art de la comédie, tout le terrain abandonné par la pensée humaine depuis l'antiquité gréco-romaine. Ménandre, Plaute, Térence avaient enfin un successeur qui, en s'inspirant d'eux, manifestait hardiment l'intention de les dépasser. La pièce fut représentée, sans relâche, au Palais-Royal, du 24 juin au 11 septembre, applaudie, avec la même chaleur, à Vaux et à Fontainebleau, par la Reine d'Angleterre, Monsieur et Madame, récemment mariés, le Roi, la Reine et toute la cour. Malgré sa répugnance pour l'impression, Molière dut se décider à la publier. Il la dédia au duc d'Orléans, son protecteur, en s'excusant de lui offrir « par nécessité absolue » cette « bagatelle ».

C'était, comme on l'a dit justement, une pièce à thèse. Deux frères, d'âge mûr, d'humeurs diverses, l'un jaloux et tyrannique, l'autre aimable et indulgent, sont tous deux à la fois tuteurs et amoureux, malgré la différence d'âge, de deux jeunes sœurs qu'ils veulent épouser. Lequel, par l'éducation qu'il leur a donnée, s'est mieux assuré leur affection et son bonheur? La réponse, on la connaît. C'est Ariste, le souriant, qui l'emporte sur Sganarelle, le grognon. Or, à ce moment, chez les comédiens et les lettrés, on n'ignorait point que Molière, à quarante ans, se proposait d'épouser Armande Béjart, âgée de dix-neuf. L'occasion était belle de trouver sur la scène des allusions à la réalité, et d'autant plus piquantes que le futur mari, en Sganarelle, s'était réservé le rôle ridicule et antipathique. On n'y manqua pas. Dès lors, presque à chaque nouvelle comédie, se posa la question, comme elle se pose encore, de la part de sentiments personnels introduite par Molière en ses figures théâtrales, d'une apparence si impersonnelle.

Question inévitable et légitime, question complexe et, le plus souvent, insoluble, si l'on veut une réponse précise. Qui déterminera jamais, dans les créations du génie et de l'art, la quantité d'éléments que les créateurs ont tiré fatalement d'eux-mêmes, de leurs passions et de leur vie, et ce qu'ils ont extrait du monde et des êtres extérieurs par l'observation et l'expérience? Il n'est point d'œuvre, si personnelle ou impersonnelle qu'elle veuille ou puisse paraître, qui ne soit un amalgame de ces divers éléments dans des proportions infiniment diverses. La gestation d'un poème ou d'un roman s'accomplit dans le cerveau producteur par une suite d'opérations plus mystérieuses et involontaires encore que la gestation de l'enfant dans les entrailles de sa mère. L'homme de génie est incapable de s'analyser lui-même avec précision et certitude. S'il est impossible d'éviter l'attrait de semblables problèmes et d'en contester l'intérêt et l'utilité, on ne saurait donc apporter dans leur étude trop de prudence pour les hypothèses, trop de réserves pour les conclusions.

Que Molière, avec l'ardeur de son tempérament, la vivacité de ses sentiments, la franchise de son caractère, la hardiesse de sa pensée, ait dû mettre, sciemment ou inconsciemment, beaucoup de lui-même dans son œuvre, qui donc en pourrait douter? Combien de ses contemporains nous l'ont affirmé! Par Lagrange et Vinot, ses premiers éditeurs, par Baron, inspirateur de Grimarest, témoins et compagnons de sa vie, ne connaissons-nous pas bien sa façon de travailler?

Quoiqu'il fût très agréable en conversations lorsque les gens lui plaisaient, il ne parlait guère en compagnie... Cela faisait dire qu'il était rêveur et mélancolique, mais s'il parlait peu, il parlait juste... Il observait les manières de tout le monde, il trouvait ensuite moyen d'en faire des applications admirables dans ses comédies, où on peut dire qu'il y a joué tout le monde, *puisqu'il s'y est joué le premier sur des affaires de sa famille et qui regardaient ce qui se passait dans son domestique. C'est ce que ses plus particuliers amis ont observé bien des fois.*

On peut donc croire qu'en composant ou achevant *l'École des Maris,* durant la crise qui précéda la célébration de cette union disproportionnée, Molière dut, plus d'une fois, songer à lui-même, aux difficultés de son présent, aux incertitudes de son avenir, et se faire répéter, par Ariste, les conseils d'indulgence, de tendresse, de douceur qu'il se donnait à lui-même *in petto,* dans l'espoir d'assurer son bonheur. Que de vers optimistes ou pessimistes, désespérés ou attendris, que de mots charmants ou douloureux, retentissent, comme les échos alternants d'un cœur agité, dans les dialogues contradictoires des deux barbons et de leurs pupilles !

A peine *l'École des Maris* avait-elle paru, le succès battait son plein, quand le roi fit demander, d'urgence, à l'auteur une fantaisie quelconque, ce qu'il voudrait, pourvu qu'il y eût des intermèdes, et qu'on y pût intercaler des ballets. *Les Fâcheux* furent joués, le 17 août 1661, au château de Vaux, lors des fêtes magnifiques données à la cour par le surintendant Fouquet, qui devait être emprisonné quelques jours après. « Jamais entreprise, dit la Préface, ne fut si précipitée que celle-ci ; c'est une chose, je crois, toute nouvelle, qu'une comédie ait été conçue, faite, apprise, représentée en quinze jours. » Malgré l'extraordinaire virtuosité dont Molière fit preuve en d'autres occasions, on peut penser, qu'en la circonstance, il se vantait un peu. Si la façon de présenter et d'encadrer les divers portraits, si vrais et si amusants, qui font de cette pièce à tiroirs une délicieuse galerie de peintures vivantes, fut rapidement improvisée, en fut-il de même pour chaque épisode en particulier ? C'est à ce propos que Grimarest-Baron fait cette observation :

Quoiqu'il dise qu'il ait fait cette pièce en quinze jours, j'ai de la peine à le croire. C'était l'homme qui travaillait avec le plus de difficulté, et il s'est trouvé que des divertissements qu'on lui demandait étaient faits plus d'un an auparavant... On ne lui a jamais donné de sujets. Il en avait un magasin d'ébauches, par la quantité de petites farces qu'il avait hasardées dans les provinces ; et la Cour et la Ville lui présentaient tous les jours des originaux de tant de façons, qu'il ne pouvait s'empêcher de travailler de lui-même sur ceux qui le frappaient le plus.

Rien de plus vraisemblable que cette habitude, pour un notateur infatigable, de puiser dans ses réserves et de se trouver ainsi prêt à toute réquisition.

Quoi qu'il en soit, et comme le temps ne fait rien à l'affaire, plus ou moins improvisés, *les Fâcheux* offraient un admirable défilé de types et de caractères, avec une verve endiablée d'esprit et de style. C'était tout l'entrain satirique, descriptif, bouffon de Mathurin Régnier, Saint-Amant, Desmarets, Scarron, avec une intensité de précision, une profondeur d'analyse, une sûreté de goût bien supérieures. Ce ne fut qu'un long éclat de rire. S'il ne s'y reconnaissait pas lui-même, chacun y croyait reconnaître un voisin. Le roi, victime obligatoire chaque jour de tant de fâcheux, voulut collaborer à la vengeance des amants toujours troublés dans leurs rendez-vous; il fournit, pour la seconde représentation, un type d'importun supplémentaire, celui du chasseur. Les applaudisseurs du poète grandissant ne se tiennent pas d'aise. On sait ce, jour-là, avec quelle joie d'allié, dans la campagne menée contre le maniérisme romanesque et la naïveté artificielle, La Fontaine écrivait le soir même à l'ami Maucroix :

C'est un ouvrage de Molière.
Cet écrivain, par sa manière
Charme à présent toute la Cour.
De la façon dont son nom court
Il doit être par delà Rome :
J'en suis ravi, car c'est mon homme.
Te souvient-il bien qu'autrefois
Nous avons conclu d'une voix
Qu'il allait ramener en France
Le bon goût et l'air de Térence?

Plaute n'est plus qu'un plat bouffon,
Et jamais il ne fit si bon
Se trouver à la Comédie ;
Car ne pense pas qu'on y rie
De maint trait jadis admiré
Et bon *in illo tempore* ;
Nous avons changé de méthode,
Jodelet n'est plus à la mode
Et maintenant il ne faut pas
Quitter la Nature d'un pas.

Les Fâcheux, revus et augmentés, reparaissent quelques jours après, devant la cour, à Fontainebleau. A l'hiver, au Palais-Royal, ils font la joie du grand public. Ce seront *les Fâcheux*, farce aristocratique, qui, avec *le Cocu*, gauloiserie populaire, tiendront le plus souvent l'affiche du vivant de Molière.

Il va sans dire que tant de portraits comiques, où se pouvaient reconnaître tant de spectateurs, allaient déchaîner contre « le Peintre » de nouvelles rancunes et de nouvelles attaques. Et, cependant, *les Fâcheux* n'avaient encore été qu'une opération de sondage dans l'esprit du roi. Jusqu'à quel point la raillerie, jusqu'alors limitée aux précieuses et aux valets parés des plumes des marquis, pourrait-elle directement s'adresser à leurs maîtres ? Louis XIV avait répondu sans tarder. En offrant lui-même aux coups du satirique son grand-veneur, il lui donnait le champ libre. Dès lors, tous les marquis allaient y passer, du petit au grand. Trop spirituels, il est vrai, trop bons courtisans, la plupart, pour ne pas faire de nécessité vertu, ou trop suffisants et trop sots pour se vouloir reconnaître tout en reconnaissant leurs voisins, ils vont, d'ailleurs, s'empresser autour du favori royal, afin de s'assurer ses bonnes grâces.

Molière n'avait-il pas, lui aussi, un office à la cour? N'était-il pas « Valet de Chambre du Roi » en survivance de son père? Il devenait donc un homme à la mode et jouait ce rôle, comme tous les autres, avec tact et dignité. « Ces messieurs lui donnent souvent à dîner, mais il rend tous les repas qu'il reçoit, son esprit le faisant aller de pair avec beaucoup de gens qui sont beaucoup au-dessus de lui ».

Le 20 février 1662 fut célébré, à Saint-Germain l'Auxerrois, le mariage de J.-B. Poquelin, et d'Armande-Grésinde Béjart. Les témoins étaient Jean Poquelin, père du marié, A. Boudet, son beau-frère, la dame Hervé, Louis Béjart, Madeleine Béjart, frère et sœur de la mariée Armande. Celle-ci, âgée de quelques mois lors de la fondation de l' « Illustre Théâtre », avait été élevée par sa sœur et par Molière, dans la troupe. Il semble même qu'elle ait joué, de bonne heure, quelques rôles enfantins sous le nom de Mlle Menou. De bonne heure aussi, par sa gentillesse et son intelligence, elle avait inspiré à son éducateur une tendresse d'affection qui changea de caractère à mesure que la jeune fille grandissait et s'embellissait. Dès 1659, une réponse de l'ami Chapelle à l'impresario se plaignant des chagrins continuels que lui donnent ses *Trois Déesses*, Pallas-Béjart, Junon-Du Parc, Cypris-De Brie, pour la distribution des rôles, révèle, sous forme allégorique, l'état déjà douloureux de son âme inquiète. Mlle Menou y est comparée à un jeune arbrisseau qui n'a pas

> Encor la vigueur et la force
> De pénétrer la tendre écorce

Du Saule qui lui tend les bras.
...La branche amoureuse et fleurie
Dans cinq ou six jours se promet
De l'attirer à son sommet.

« Vous montrerez ces beaux vers à Mlle Menou seulement; aussi bien sont-ils la figure d'elle et de vous ».

Quatre mois après son mariage, Mlle Molière (le titre de Madame était réservé aux femmes de qualité) entrait dans la troupe avec une part de sociétaire, réservée, d'ailleurs, pour elle depuis un an. Toutefois, elle ne devait débuter que l'année suivante, après son premier accouchement. En attendant, durant la lune de miel, le poète laborieux n'avait point perdu son temps. Sous l'action d'une idée fixe, celle d'être heureux dans son ménage, de l'être par sa tendresse et son indulgence, il avait repris *l'École des Maris* pour en faire *l'École des Femmes*. En fait, c'est la même thèse, avec mêmes contrastes dans les caractères et les sentiments, aboutissant aux mêmes conclusions, mais avec une force d'analyse et de pensée toujours grandissante, une verve de plus en plus abondante et communicative, une perfection plus soutenue de style théâtral, vif, clair, souple, coloré, vibrant dans l'amertume comme dans la gaîté.

A l'heure où l'on commençait à l'accuser de s'endormir dans les félicités ou de se laisser accabler par les désillusions du mariage, il reparaissait donc sur la scène, le 26 décembre 1662, plus militant que jamais. Amis et ennemis, ce jour-là, purent se compter, se mesurer, aiguiser leurs armes. On n'avait jamais vu tant de visages souriants, ni tant de mines déconfites, ni tel triomphe, ni tel tumulte. *L'École des Femmes*, sans désemparer, allait tenir chaque soir, de Noël jusqu'à Pâques, l'affiche du Palais-Royal et, presque tous les autres jours, se transporter en ville. Mais à travers quelles protestations, quels orages, quels échanges violents de paroles et d'écritures!

Les attaques par le livre ou le théâtre ne pouvaient alors se produire aussi vite qu'aujourd'hui, à cause des lenteurs et difficultés du permis d'imprimer ou de jouer. Tandis que les adversaires jasaient, complotaient, griffonnaient dans l'ombre, les amis n'hésitèrent pas à se déclarer. Quatre jours après la première représentation, le jeune Boileau, connu seulement, dans le petit cénacle, par quelques satires non imprimées, envoyait son salut de nouvel an « à *M. Molière* » :

Ta muse avec utilité
Dit plaisamment la vérité,
Chacun profite à ton école;
Tout en est beau, tout en est bon,
Et ta plus burlesque parole
Vaut souvent un docte sermon.

Nature, Vérité, Moralité, voilà décidément ce que réclament, avec les précurseurs, La Fontaine, Sorel, Furetière, Chapelle, les nouveaux combattants, Boileau et Racine. C'est le temps où les réunions de ces Jeunes-France, soit au cabaret, soit chez Boileau, rue du Vieux-Colombier, furent les plus fréquentes, cordiales et fécondes pour l'avenir.

Boileau terminait ses stances par le conseil de laisser « gronder les envieux ». Ils allaient gronder, en effet. Dès le mois de février, un jeune arriviste, Donneau de Visé, le futur journaliste, fondateur du *Mercure galant*, ouvrit le feu dans ses *Nouvelles Nouvelles* contre « cette pièce que tout le monde a trouvée méchante, mais où tout le monde a couru... le sujet le plus mal conduit qui fût jamais... » Il se déclarait « prêt à soutenir qu'il n'y a point de scène où l'on ne puisse faire voir une infinité de fautes ». Force lui est bien, pourtant, d'avouer que « jamais comédie ne fut si bien représentée; chaque acteur sait combien il doit faire de pas, et toutes ses œillades sont comptées ». Aveu naïf et intéressant des qualités exceptionnelles de Molière comme metteur en scène, instructeur des comédiens, acteur lui-même. Donneau terminait son pamphlet par l'éloge de l'Hôtel de Bourgogne « où l'on préparait une pièce pleine de ces tableaux du temps qui sont présentement en si grande estime... Elle est, à ce que l'on assure, de celui qui a fait *les Nouvelles Nouvelles* ». Cet « *à ce que l'on assure* » est charmant et d'une saveur de réclame assez moderne.

Aux environs de Pâques, le dépit des jaloux et des envieux dut s'exaspérer à l'annonce d'une nouvelle faveur royale. Molière, recevait pension « en qualité de bel esprit ». Il était couché sur l'état pour la somme de 1 000 livres « comme excellent poète comique » à côté du vieux Pierre Corneille « premier poète dramatique du monde » pour 2 000 livres, et du jeune Racine pour 800 livres. Parmi les autres poètes, un seul était plus favorisé que Corneille, « le sieur Chapelain, le plus grand poète français qui ait jamais été et du plus solide jugement ». C'était

Chapelain, sans modestie comme sans rancune, qui avait dressé les listes et rédigé les notes.

Molière « s'empressa de remercier le roi en vers ». Avec quelle joie il semble avoir saisi l'occasion de pousser une nouvelle pointe, légère encore, mais droite et franche, contre ces Marquis, dont il avait trop souvent essuyé les mépris plus ou moins dissimulés! Avec quelle verve d'ironie, en vers libres, d'un tour libre, costumant la Muse en Marquis, il lui enseigne les façons de s'habiller à la mode, de se pousser au lever du roi, parmi la cohue des courtisans, de s'y faire valoir, par sa jactance et son impertinence!

Vous savez ce qu'il faut pour paraître Marquis,
N'oubliez rien de l'air ni des habits...
Arborez un chapeau chargé de trente plumes
Sur une perruque de prix,
Que le rabat soit des plus grands volumes
Et le pourpoint des plus petits.
Jetez-vous dans la foule et tranchez du notable :
Coudoyez un chacun, pas du tout de quartier :
Poussez, poussez, faites le diable
Pour vous mettre le premier.

Quelques jours après, *l'École* était reprise avec mêmes applaudissements. De tous côtés aussi grondaient de nouvelles menaces d'hostilité. Mais avant même que Donneau de Visé, Boursault, Robinet, Montfleury et d'autres aient eu le temps de démasquer leurs batteries souterraines, Molière, ouvrant le feu, avait forcé les assaillants à se découvrir. *La Critique de l'École des Femmes* éclate au Palais-Royal, le vendredi 1er juin 1663. La pieuse reine-mère, Anne d'Autriche, en accepte la dédicace.

« Elle qui prouve si bien que la véritable dévotion n'est point contraire aux honnêtes divertissements, Elle qui, de ses hautes pensées et de ses importantes occupations, descend si humainement dans le plaisir de nos spectacles et ne dédaigne pas de rire, de cette même bouche qui prie si bien Dieu... »

C'est alors que toutes les rancunes se déchaînent. Nombre de gens se crurent visés, quelques-uns avec raison, dans ces portraits, gravés à la pointe sèche, de poètereaux envieux, de critiques aigres, d'amateurs prétentieux et ignorants. Le duc de la Feuillade, l'homme du « *Tarte à la crème, morbleu! tarte à la crème* », rencontrant Molière dans une galerie de Versailles, « l'aborde avec les démonstrations d'un homme qui voulait lui faire caresse », lui frotte le visage contre les boutons de son pourpoint « fort durs et fort tranchants », et lui met tout le visage en sang. Une pareille insulte ne pouvait, naturellement, qu'exciter l'indignation du roi. Nous ignorons comment le duc fut réprimandé, mais il le fut, et peu de temps après, Racine écrivait à l'abbé Le Vasseur : « Je n'ai pas trouvé aujourd'hui le comte de Saint-Aignan au lever du roi, mais j'y ai trouvé Molière, à qui le roi a donné assez de louanges, et j'en ai été bien aise pour lui; il a été bien aise aussi que j'y fusse présent. » La publicité de cette faveur lui devenait, en effet, de plus en plus nécessaire.

La *Zélinde* par Donneau de Visé n'avait pu, il est vrai, être représentée, mais sa venimeuse brochure courait partout, et l'on annonçait la représentation du *Portrait du Peintre ou Contre-Critique de l'École des Femmes*, par Boursault. Encore une fois, Molière n'attend pas l'attaque. *L'Impromptu de Versailles*, joué à Versailles, le 14 octobre, riposte d'avance au coup monté par l'Hôtel de Bourgogne, où l'on ne fut prêt que le 17 novembre. C'est en vain que, sous cette cinglante volée d'une bastonnade impitoyable, Visé s'efforce encore de regimber par *la Vengeance des Marquis*, Robinet, par le *Panégyrique de l'École des Femmes*, Montfleury par *l'Impromptu de l'Hôtel de Condé*. La bataille du bon sens, la cause de la liberté satirique est définitivement gagnée. Les vaincus, aux abois, en sont réduits à se servir d'armes empoisonnées. Visé accuse hypocritement le souverain de trahir sa fidèle noblesse, et le vieux Montfleury adresse au roi une requête où il accuse Molière d'avoir épousé la fille de sa maîtresse. « Mais Montfleury, dit Racine, n'est pas écouté à la Cour. »

Quelques jours après, en effet, Louis XIV saisit l'occasion de prouver à son comédien quel cas il pouvait faire de toutes ces vilenies. Le 28 février 1664, Mlle Molière ayant mis au monde un second fils, Louis XIV s'en déclare le parrain, en prenant pour commère sa belle-sœur, Henriette d'Angleterre, duchesse d'Orléans, la charmante Madame depuis si longtemps bienveillante au poète. Le roi se fait représenter, à Saint-Germain-l'Auxerrois, par le duc de Créqui, ambassadeur à Rome, la duchesse par la maréchale de Choiseul.

51

III

LA GRANDE LUTTE (1664-1669)

Le jeune roi, ambitieux et glorieux, marchandait de moins en moins ses faveurs au poète-histrion en qui son égoïsme clairvoyant avait pressenti et expérimenté, comme en d'autres bourgeois de métiers divers, un collaborateur utile pour ses entreprises. En revanche, il exigeait de lui, comme de tous les autres, une activité infatigable, toujours docile et prompte à la besogne. A l'heure même où naissait l'enfant qu'allait honorer son auguste parrainage, le père, par son ordre, s'attelait d'urgence à la confection d'un ballet qu'on devait représenter chez la reine-mère. Ces ballets, où le beau Louis, entouré de ses élégants gentilshommes, déployait complaisamment aux yeux de sa femme, de sa mère et de Mlle de la Vallière, toutes ses grâces de danseur, faisaient fureur à la cour. Toute cette jeunesse, enfin débridée, n'aimait pas moins à rire qu'à danser et le rire de Molière lui devenait une distraction et une excitation nécessaires.

Suivant ses habitudes d'habile manœuvrier, dans la farce comique, où devaient s'encadrer les entrechats des gentilshommes avec les madrigaux galants à leur adresse, Molière ne se fit pas faute d'allusions actuelles et personnelles. *Le Mariage forcé* rappelait, dit-on, une aventure récente du comte de Grammont. Ce joli fat, ayant compromis en Angleterre Miss Hamilton, avait oublié de l'épouser, mais les deux frères de la fille l'avaient rejoint à Douvres et forcé, l'épée en main, de réparer cette négligence. A travers les réminiscences de Rabelais, quelques-uns aussi crurent deviner, dans les allures émancipées de Dorimène, la peinture, volontairement chargée, des façons de Mlle Molière, dont les coquetteries commençaient d'inquiéter le mari laborieux, surmené, maladif, irritable. Molière, en y jouant, de nouveau, comme toujours, le rôle ingrat et ridicule, celui de Sganarelle, semblait bien, il est vrai, attaquer de face les malintentionnés pour n'être point attaqué. Rire le premier, rire plus fort que tous, de ses propres inquiétudes et de ses propres misères, c'était ne laisser à personne le droit d'en affirmer l'existence ni d'en mesurer l'étendue. Néanmoins, en se donnant à lui-même, sous un costume d'emprunt, tant de raisons pour excuser un mariage disproportionné, en se complaisant, avec une telle opiniâtreté, en des illusions de tolérance délicate et de tendres attentions, pour s'assurer l'affection et la vertu d'une indigne compagne, jusqu'au remords final, ne prêtait-il pas le flanc à toutes les malignités? S'il riait à gorge déployée, ne pouvait-on insinuer qu'il riait jaune? Quelques-uns n'y manquèrent pas.

Quoi qu'il en fût, comme on était, dans le monde religieux et le monde lettré, en pleines querelles théologiques et philosophiques, entre jansénistes et jésuites, cartésiens et gassendistes, la consultation grotesque de Pancrace et Marphurius, l'un bourré de réalisme aristotélique, l'autre empoisonné de scepticisme pyrrhonien, désopila son auditoire mondain, que harassaient toutes ces batailles de syllogismes et ces subtilités de controverses. On vit bien que, même dans ses bouffonneries les plus grotesques, l'auteur des *Écoles* entendait et savait faire accepter par son public quelque sage leçon de bon sens.

Le roi, d'ailleurs, enivré de ses succès diplomatiques, avait en tête de plus fiers projets. Depuis trois ans, des milliers d'ouvriers travaillaient à Versailles. Sans être achevé, le palais était déjà fort agrandi et les jardins réunissaient assez d'embellissements pour qu'on pût les offrir à l'admiration des courtisans. Louis résolut d'inaugurer leurs splendeurs par des fêtes somptueuses dont la postérité garderait le souvenir. Le duc de Saint-Aignan fut chargé de préparer *les Plaisirs de l'Ile enchantée*. Il s'adjoignit, suivant l'ordre royal, Vigarani pour les décors, Lulli pour la musique, Molière pour le théâtre. Ces fêtes extraordinaires, dont les gravures d'Israël Sylvestre et tant de relations nous ont conservé le détail, occupèrent sept journées du 7 au 13 mai. La troupe du Palais-Royal, arrivée le 30 avril, continua d'y fonctionner jusqu'au 22 mai, presque sans relâche, soit en jouant la comédie, soit en figurant, sous costumes allégoriques, mêlée aux gentilshommes et grandes dames, dans les mascarades, cavalcades, courses de bagues, intermèdes incessants, où le roi lui-même s'attribuait souvent le rôle principal.

Dès le premier jour, les trois Fameuses Comédiennes ravirent tous les yeux et enflammèrent quelques cœurs, la Du Parc, en *Printemps*, la Molière en *Siècle d'Or*, la Béjart, en *Diane*, juchée sur la cime d'une montagne roulante, à côté de Molière en dieu *Pan*. Le lendemain 8 mai, la Molière reparut dans la nouvelle pièce de son mari, *la Princesse d'Élide*, et le surlendemain dans *le Ballet du palais d'Alcine*, avec la De Brie, en nymphe suivante de la fière Du Parc, l'irrésistible Fée. Nouveau succès de beauté pour elle, nouveau succès d'esprit et de gaîté pour l'auteur-acteur de la comédie pseudo-grecque où sa verve gauloise avait trouvé moyen de réchauffer la froideur pédantesque des ballets mythologiques par l'introduction de la bouffonnerie sarcastique et de la farce réaliste. On pouffa de rire en l'entendant, tour à tour, débiter ses drôleries sous la casaque d'un valet de chiens ou les grelots d'un fou de cour. « Un fou, ou soi-disant », écrivait le soir même un invité, « plus heureux, plus sage que trente docteurs qui se piquent d'être des Catons;

« Et pour moi, je tiens qu'à la Cour
N'est pas fou qui plaît à son maître. »

Or Molière plaisait à son maître. En quelques jours, sur le canevas d'une comédie par Moreto, *El Desden con el Desden* fort applaudie à Madrid, il avait bâclé, en vers, les deux premiers actes et, faute de temps, fait répéter et jouer les trois derniers en prose. « La princesse n'avait eu le temps que de prendre un de ses brodequins et elle était venue donner des marques de son obéissance, un pied chaussé et l'autre nu. »

Telle quelle, cette transformation, vive et sans gêne, d'un délicieux imbroglio sentimental et poétique en une mixture de parade foraine et de pastorale héroïque, enchanta la cour. Les jours suivants, Molière la ravit encore par d'autres gaîtés de son répertoire. C'est alors que, la voyant à point, se croyant assez fort pour lever son masque de fou devant la noble assemblée, la veille même de leur séparation, il voulut se montrer de nouveau, avec son vrai visage, celui d'un philosophe militant et justicier, maniant le fouet de la satire. Il allait le faire, cette fois, avec une telle vigueur que les éclats sonores en retentiraient bientôt jusqu'aux extrémités du monde.

Le lundi soir, 12 mai, le Roi Très Chrétien, les pieuses reines espagnoles Anne d'Autriche et Marie-Thérèse écoutèrent les trois premiers actes de *l'Imposteur*. La pièce était-elle réellement achevée? Ou bien le prudent lutteur jugeait-il à propos de s'en tenir là pour le moment, de tâter un terrain brûlant avant de risquer les déclarations cyniques de *Tartuffe* aux quatrième et cinquième actes, dévoilant toute l'ignominie du faux dévôt, ingrat, paillard, voleur? Complète ou non, l'œuvre était, selon toute apparence, connue du roi et sa représentation autorisée par lui. « On la trouva fort divertissante », dit la relation officielle.

Divertissante pour tous? Non, assurément. Au premier abord, ce fut, pour la plupart, une gênante surprise, pour beaucoup un effroyable scandale. L'expression de ces sentiments divers d'inquiétude ou de répulsion s'était forcément contenue devant l'attitude royale. Dès le lendemain, elle éclata. L'archevêque de Paris, confesseur du roi, M. de Péréfixe, se fit l'interprète des plaintes soulevées par cette audacieuse satire, où nombre de dévots sincères se croyaient suspectés et bafoués en même temps que les faux dévots. Le roi était parti pour Fontainebleau. Molière l'y rejoignit, obtint, à quelques jours d'intervalle, plusieurs audiences, tandis que la tempête grossissait et montait. Le roi, pour la calmer, dut donner une apparence de satisfaction aux plaignants. « Quoiqu'on ne doutât pas des intentions de l'auteur, il défendit pourtant la pièce en public et se priva lui-même de son plaisir pour n'en pas laisser abuser à d'autres moins capables d'en faire un juste discernement. » Molière pourra lui écrire : « Votre Majesté m'ôtait tout lieu de me plaindre, ayant eu la bonté de déclarer qu'Elle ne trouvait rien à dire dans cette comédie qu'Elle me défendait de produire en public. »

En fait, deux mois après, quand le cardinal Chigi, légat du Pape, vint à Fontainebleau apporter les excuses du Saint-Siège pour l'insulte faite à l'ambassadeur, duc de Créqui, ce fut Molière qu'on appela pour le distraire. Sa tactique fut la même qu'à Versailles. Après avoir fait rire l'Éminence par *la Princesse d'Élide*, il sollicita une audition pour la pièce incriminée par le clergé français. *Le Tartuffe*, sous son vrai nom, reparut, en appel, devant le juge le plus autorisé. L'Éminence, accoutumée aux libertés italiennes, marqua sa satisfaction par un fin sourire, qui devint bientôt, dans un placet, « l'approbation de M. le Légat et de MM. les Prélats ».

Après cette consultation, tout le monde sut que penser de la défense royale. C'est à qui, prince, seigneur, gros bourgeois, invitera chez lui Molière, soit pour une représentation, soit pour une lecture. Pas de belle réunion, pas de bon repas sans lui :

Molière, avec *Tartuffe*, y doit jouer son rôle.

Ceux même qui semblent ses victimes les plus nettement visées et les mieux atteintes, jésuites et jansénistes, se laissent tenter par la curiosité. Le 26 août, une représentation chez une des nobles protectrices de Port-Royal, Mme de Longueville ou Mme de Sablé, ne fut suspendue que par la coïncidence du plus fâcheux contretemps : ce jour-là même les agents royaux procédaient à l'expulsion des Vénérables Mères de la sainte maison. Des représentations ou lectures furent données chez l'académicien Montmaur, Ninon de Lenclos, Monsieur, frère du Roi, Madame, sa belle-sœur, « dans un temps où Sa Majesté était irritée contre les dévots de la Cour et quelques prélats qui s'étaient avisés de lui faire des remontrances au sujet de ses amours ». Plusieurs se succédèrent chez le grand Condé qui, dès le premier jour, avait pris hardiment la défense de Molière.

Huit jours après que *l'Imposteur* eut été défendu, on représenta devant la Cour une pièce intitulée *Scaramouche ermite*, et le Roi, en sortant, dit au Grand Prince : « Je voudrais bien savoir pourquoi les gens qui se scandalisent si fort de la comédie de Molière ne disent mot de celle de Scaramouche ». A quoi le Prince répondit : « La raison de cela, c'est que la comédie de Scaramouche joue le Ciel et la Religion, dont ces Messieurs-là ne se soucient point; mais celle de Molière les joue eux-mêmes ; c'est ce qu'ils ne peuvent souffrir. » (Préface de *Tartuffe*. Mars 1669.)

Par reconnaissance, c'est à Condé, au château de Raincy, qu'il fit l'honneur, le 29 novembre, de présenter enfin la Comédie « parfaite, entière et achevée en cinq actes ». *Tartuffe* allait encore reparaître, nombre de fois, chez les Condé, à Paris et à Chantilly. Néanmoins, pour qu'il remonte sur un théâtre public, il faudra encore cinq années, cinq longues et dures années, de lutte acharnée contre des oppositions respectables ou intéressées, durant lesquelles le poète-comédien dut déployer autant d'opiniâtreté et d'activité physiques et intellectuelles que le roi mit de volonté intime et de souplesse extérieure à concilier ses devoirs de souverain avec ses sympathies personnelles.

Durant même le séjour du roi à Fontainebleau, les invectives contre le poète avaient pris le ton le plus menaçant. Le curé de l'église Saint-Barthélemy le dénonçait au roi dans un pamphlet servile comme « un démon vêtu de chair et habillé comme un homme, le plus signalé impie et libertin qui fût jamais dans les siècles passés, qui méritait par cet attentat sacrilège et impie un dernier supplice exemplaire et public, et le feu même, avant-coureur de celui de l'enfer ». Le roi fit sans doute adresser quelques réprimandes à cet ecclésiastique fanatique qui s'apaisa. Molière, menacé du bûcher, ne tarda point à riposter, par une offensive plus violente et de plus haute portée. Le 15 février 1665, le Palais-Royal donnait *le Festin de Pierre*.

Cette fois, rien à dire pour le sujet. C'était la reprise d'une moralité édifiante, d'une pieuse légende, d'un mystère dès longtemps populaire sur les tréteaux catholiques d'Espagne et d'Italie, que des traductions ou adaptations récentes venaient de remettre à la mode en France. Le drame de Tirso de Molina, *El Burlador de Sevilla y Combidado de piedra*, avait été joué à Paris en 1660, par une troupe espagnole, celui de Giliberto et de Cicognini, *Il Convitato di pietra* (le Convive de pierre) par les Italiens à Paris et Lyon. Dorimont et Villiers, sous les titres étranges du *Festin de Pierre* (!) ou *le Fils criminel*, ou *l'Athée foudroyé*, les avaient traduits et adaptés à la scène française. En province et dans la capitale, grâce à la variété des décors, aux effets fantastiques de la mise en scène, leurs tragi-comédies, montrant la débauche et le crime punis par un miracle, attiraient la foule et grossissaient les recettes. En voyant Molière, à son tour, entrer dans la lice et reprendre cette légende édifiante à son compte, la cabale des faux dévots pouvait croire à son repentir ou, du moins, à sa soumission : l'erreur ne fut pas de longue durée.

Dès les premières scènes, ils purent voir que l'adversaire n'avait pas désarmé, bien au contraire. D'abord, le banal débauché d'Espagne qui finit par demander la confession *in extremis*, s'était changé en vrai libertin français, gentilhomme cynique, insolent, spirituel, athée raisonneur et ironique, se mettant au-dessus de toutes les lois comme au-dessus de tous les scrupules. C'était bien un de ces marquis à plumes que Molière voyait parader et caqueter autour de sa femme, pères ou grand-pères des futurs *Roués* de la Régence. Jamais les vices élégants et monstrueux d'un certain nombre de jeunes courtisans n'avaient été mis à nu avec cette impitoyable franchise et cette verve brillante. Déjà la surprise était vive, mais le scandale fut à son comble, au cinquième acte, lorsque, pour compléter la collection de ses infamies, Don Juan, déguisé en ermite, répète devant son père dupé et son valet ahuri, en l'aggravant d'une froide misanthropie, avec une abominable et superbe éloquence, la profession de foi jésuitique, déjà débitée aux pieds d'Elmire par Tartuffe :

L'Hypocrisie est un vice à la mode, et tous les vices à la mode passent pour vertus... C'est un art de qui l'imposture est toujours respectée, et, quoiqu'on la découvre, on n'ose rien dire contre elle. Tous les vices des hommes sont exposés à la censure, et chacun a la liberté de les attaquer hautement, mais l'Hypocrisie est un vice privilégié, qui de sa main, ferme la bouche à tout le monde et jouit d'une impunité souveraine. On lie, à force de grimaces, une société étroite avec tous les gens du parti...

C'est sous cet abri favorable que je veux me sauver et mettre en sûreté mes affaires. Je ne quitterai point mes douces habitudes, mais j'aurai soin de me cacher et me divertirai à petit bruit... Dès qu'une fois on m'aura choqué tant soit peu, je ne pardonnerai jamais et garderai tout doucement une haine irréconciliable. Je serai le vengeur des intérêts du Ciel, et, sous ce prétexte commode, je pousserai mes ennemis, je les accuserai d'impiété, je saurai déchaîner contre eux des zélés indiscrets qui, sans connaissance de cause, crieront en public contre eux, qui les accableront d'injures, et les damneront hautement de leur autorité privée. C'est ainsi qu'il faut profiter des faiblesses des hommes et qu'un sage esprit s'accommode aux vices de son siècle.

Les coups étaient trop cinglants pour que les flagellés, ou leurs dupes, fussent lents à regimber. Le roi, sans nul doute, avait connu la pièce. Il garda encore, dans la circonstance, tout son sang-froid, voulant apaiser toutes les passions et concilier la liberté de la satire avec les égards dus à des susceptibilités honnêtes et respectables. Dès la seconde représentation, la scène du pauvre à qui Don Juan offre l'aumône à la condition qu'il renie Dieu, fut supprimée. D'autres retranchements furent encore opérés les jours suivants. Néanmoins, le flot des récriminations, plaintes et malédictions grossissait et montait tellement qu'après 15 représentations, la veille des vacances de Pâques, la pièce disparut de l'affiche. Le libraire qui avait acquis le texte n'osa le publier. Ce chef-d'œuvre, précurseur du drame moderne, ne devait être imprimé, avec coupures, qu'après la mort de l'auteur, en 1682.

La querelle, d'ailleurs, ne s'apaisait point. Un libelle, cauteleux et perfide, dû à la plume exercée d'un avocat au Parlement, le sieur Rochemont, accuse Molière de « mettre la Farce aux prises avec l'Évangile ! » Comme « rien n'a jamais paru de plus impie dans le paganisme » il rappelle, lui aussi, avec aménité, qu'Auguste envoya au supplice un bouffon qui avait raillé Jupiter, et que Théodose « avait condamné aux bêtes des farceurs qui tournèrent en dérision nos cérémonies ». Conclusion : un appel à la justice exemplaire de Louis XIV, avec l'espérance « que ce même bras séculier qui est l'appui des religions abattra tout à fait ce monstre et confondra à jamais son insolence ».

Le pamphlet de Rochemont avait paru dans les derniers jours d'avril. Les amis de Molière se préparaient à répliquer par une *Réponse aux observations touchant le Festin de pierre*, et une longue *Lettre sur ces observations*, dissertations en règle, dans lesquelles on a cru sentir la collaboration même de l'auteur attaqué. Mais, avant que ces protestations fussent imprimées (en juillet) le Roi avait déjà donné sa réponse. Le 12 juin, appelé à Versailles, Molière avait écrit un prologue pour une comédie de Mlle Desjardins, *le Favori*, et il l'avait joué lui-même, faisant le rôle d'un marquis, plus ridicule que jamais, qui s'installe sur le théâtre, malgré la résistance des gardes, interpelle insolemment le parterre et se querelle avec les spectateurs. Au mois d'août, après la publication des apologies, le roi rappelle le poète à Saint-Germain, et lui donne une marque plus éclatante de sa protection fidèle en demandant à son frère, protecteur en titre de la troupe, de la lui céder, directeur et acteurs. Les anciens bohêmes de l' « Illustre Théâtre » seront désormais les *Comédiens du Roi* avec une subvention de 6 000 livres. L'encouragement venait à point. Molière était las, moralement, physiquement, épuisé par tant de déboires, persécutions, démarches, inquiétudes, dans cette lutte acharnée. Il lui suffit, d'ailleurs, de ce retour de fortune, pour rebondir avec sa souplesse si habituelle, sur son tremplin. Et le voilà qui, de suite, s'élance contre de nouveaux adversaires !

Après les pédants littéraires, les grands seigneurs insolents, les hypocrites d'église ou de cour, le tour allait venir des grands docteurs orgueilleux et des hypocrites de la science. Les médecins vont passer sous ses étrivières. Déjà, dans *Don Juan*, il leur avait poussé la première botte : « Tout leur art est pure grimace. C'est une des plus grandes erreurs qui soit parmi les hommes ». Une farce, *les Médecins* (plus tard *l'Amour médecin*), jouée à la cour le 15 septembre, au Palais-Royal sept jours après, souleva de suite et partout un rire inextinguible. Sans doute, certaines plaisanteries sur la médecine et les médecins, depuis le Moyen âge, se répétaient sans cesse sur les tréteaux français, italiens, espagnols, mais générales, banales, peu variées. Cette fois c'étaient vraiment les sottises, ignorances, suffisances, avidités contemporaines saisies sur le vif, analysées et flagellées sans ménagements. Qui plus est, cette fois, on pouvait reconnaître les victimes soit à leurs défauts physiques, soit à leurs noms à peine déformés. Toutes, des personnalités illustres, officielles, les princes même de la science : Des Fougerais (*Desfonandrès*), Esprit (*Bahys*), Guénaut (*Macroton*), Yvelin (*Fillerin*), les trois derniers médecins de Monsieur, de la Reine et de Madame, de la pauvre Madame qui devait, quelques années après, si tristement et brusquement, mourir entre leurs mains ignorantes. On accusa le médecin de Molière, le Dr de Mauvillain, doyen de la Faculté, d'avoir fourni des notes sur ses confrères. On chuchotait tout bas que le roi encore n'était pas étranger à cette nouvelle campagne. Un jour que Molière lui présentait Mauvillain : « Voilà donc votre médecin, dit Louis XIV, que vous fait-il? — Nous raisonnons ensemble; il m'ordonne des remèdes; je ne les fais point et je guéris ». L'obstiné rieur disait-il bien la vérité? En fait, il se sentait de plus en plus tourmenté par sa maladie de poitrine, il suivait un régime, ne buvait que du lait et ne guérissait pas. Ses diatribes amères contre les impuissances et les prétentions médicales ressemblent parfois à des explosions de désespoir personnel. On y doit trouver aussi le trop juste ressentiment de mille fâcheuses erreurs contemporaines.

Or, en ce moment, Molière souffrait plus que jamais d'un affaiblissement physique qui le rendait incapable de faire face à tous les chagrins et tous les soucis dont il était assailli, à tous les devoirs et obligations de son métier et de sa situation. De tous côtés, ce n'était que tracas et crève-cœurs. Après les interdictions de *Tartufe* et de *Don Juan*, au milieu d'une guerre incessante de calomnies et de menaces, une avalanche de douleurs intimes. Au théâtre, c'est Racine, le beau jeune poète, dont il avait encouragé les débuts, inspiré les essais, joué la première pièce *la Thébaïde*, l'année précédente, et la seconde, *Alexandre*, en cet instant même (4 décembre), qui, par hâte d'ambition ou lâcheté d'amour, le trahit, l'abandonne, fait jouer, sans crier gare, le même *Alexandre* en concurrence par la troupe rivale, à l'Hôtel de Bourgogne, prépare la désertion de la Du Parc, la hautaine et capricieuse Marquise. Dans son intérieur, ce sont les légèretés incorrigibles d'Armande, les premiers pardons suivis de raccommodements éphémères, et les raccommodements suivis de douloureuses séparations qui, en se répétant, exaspèrent, désespèrent l'opiniâtreté d'une généreuse affection, tendre comme celle d'un amant, délicate comme celle d'un père.

Cette année-là, au début de l'hiver, il fit une rechute si grave que le bruit de sa mort se répandit. Il ne put remonter en scène durant les mois de décembre et janvier. Est-ce à ce moment, que, d'après ses amis, « profondément découragé, il essaya de vivre en vrai philosophe..... toujours occupé de s'assurer une réputation d'honnête homme,..... sans se mettre en peine des humeurs de sa femme qu'il laissait vivre à sa guise, quoiqu'il conservât toujours pour elle une véritable tendresse »? C'est vraisemblable. Mais si cette crise, physique et morale, fut l'une des plus pénibles que l'homme eut à traverser, ce fut celle où le poète indigné trouva son inspiration la plus haute et la plus noblement humaine. De cette misanthropie passagère du mari, de l'ami, de l'auteur ulcérés, jaillit, comme un cri de soulagement et de vengeance, cette magnifique confidence des douleurs longuement souffertes, *le Misanthrope*, joué au Palais-Royal le 4 juin 1666!

Cette fois, on ne pouvait plus reprocher au farceur[1] un succès dû aux jeux de la scène, aux surprises de l'intrigue, à la verdeur du langage. Nulle intrigue, nul coup de théâtre, nulle action qu'une action morale. Rien qu'un développement de psychologie passionnelle dans un seul personnage et de psychologie sociale autour de lui. Jamais on n'avait exprimé, avec si peu de moyens et une telle profondeur, quelques-unes des émotions les plus vives et les plus communes de l'âme humaine. Cette simple et poignante tragédie, d'abord lue dans le salon de Mme d'Orléans, avait été fort applaudie par les gens éclairés de la cour et de la ville. Elle était d'une trop haute portée pour être aussi vite comprise par un public plus nombreux, moins choisi, mal préparé. Le parterre, surpris, fut désappointé. Les recettes, après la seconde représentation, baissèrent rapidement et descendirent jusqu'au minimum. Pour sauver la situation, il fallait donc, au plus vite, une bouffonnerie. Molière n'eut qu'à fouiller dans la malle des tournées provinciales, pour en sortir le *Fagatior* qui, en quelques jours, devint *le Médecin malgré lui.*

Grâce à cet appoint (6 août) *le Misanthrope* put reprendre sa carrière. Le paysan madré protégea et fit passer le trop crédule et distingué gentilhomme. Le *Vilain mire* du moyen âge, le *Fagotior* du Languedoc, sous leur nouveau costume, donnèrent autant de joie aux Parisiens du XVIIe siècle que leurs pères et aïeux en avaient donné à leurs ancêtres. C'était toujours la vieille Gaule accourant au secours de la nouvelle France!

A peine *le Médecin malgré lui* avait-il rendu à l'auteur du *Misanthrope* la faveur populaire qu'il lui fallut aussitôt satisfaire à un nouveau caprice royal et collaborer au *Ballet des Muses*, qu'on organisait au château de Saint-Germain sous la direction de Benserade. Molière, pour sa part, y fournit trois morceaux bien divers : le 2 décembre, une sorte d'idylle héroïque, *Mélicerte*, le 5 janvier, une parodie champêtre, *la Pastorale comique*, le 14 février, une fantaisie comico-romantique, *le Sicilien ou l'Amour peintre*. Le sujet de *Mélicerte* était pris dans le célèbre roman de Mlle de Scudéry *Artamène, ou le Grand Cyrus*; c'était l'histoire sentimentale de Pisastris et de Timante transportée de l'Égypte précieuse des salons de Rambouillet, dans une vallée de Tempé versaillaise. L'auteur-acteur-directeur fut, cette fois, si pressé dans son improvisation que *Mélicerte*, comme *la Princesse d'Élide*, en resta, pour les rimes, au second acte; elle fut jouée telle quelle et ne fut jamais complétée. La rapidité de travail s'y trahit à chaque pas et, pourtant, nulle part Molière n'a semé de vers plus charmants et plus tendres, d'un rythme si élégant et souple, embaumés de parfum antique. Quelques-uns en vont être repris ou imités par le vieux La Fontaine et le jeune Racine, quelques autres y font pressentir André Chénier. Le rôle principal du bel adolescent Myrtil, séducteur innocent de Mélicerte et des autres nymphes, était joué par le jeune Baron. Molière, ravi des dispositions théâtrales de son élève, s'occupait de son instruction avec tant d'affection que Mlle Molière en était jalouse. Un jour qu'elle s'était emportée jusqu'à le souffleter, Baron s'était enfui de la maison; on ne l'y avait ramené qu'à grand'peine. *Mélicerte*, où la Molière joua le rôle de celle qui aime Baron-Myrtil, fut, semble-t-il, un acte de vraie ou fausse réconciliation. Toujours est-il que Molière oublia *Mélicerte*, et que, vingt-cinq ans après sa mort, lorsque le fils de sa veuve remariée au comédien Guérin d'Estriché, eut la malencontreuse impertinence de remanier et compléter l'œuvre interrompue, mais demeurée dans le souvenir des lettrés, il ne trouva, nous dit-il, dans la valise posthume, aucun scenario, ni canevas des trois derniers actes.

De *la Pastorale comique*, il ne reste que quelques fragments sans intérêt, des couplets à chanter. *Le Sicilien*, heureusement, ouvrage plus ancien peut-être, était achevé. On le reprit trois fois avec un succès extraordinaire, les 14, 17, 19, et lorsque la troupe quitta Saint-Germain, le roi lui fit donner une gratification de 6 000 livres. Toutefois, son chef était épuisé par ce surmenage de productions, d'agitations, de douleurs. Il retomba si gravement malade qu'on désespéra de lui quelques jours, il ne se remit qu'à grand'peine. C'est le 10 juin seulement qu'il put, au Palais-Royal, reparaître dans *le Sicilien*. La délicieuse fantaisie fut aussitôt saluée comme un chef-d'œuvre par les amateurs. On y admira une liberté et une franchise croissantes dans le jeu scénique et le dialogue, une étendue nouvelle d'observation dans la variété des types nationaux et étrangers, dans la peinture des tempérament et façons diverses d'aimer, sentir et agir chez un Italien du Midi, chez une Grecque, chez un Français.

Toutes ces alternatives de souffrances et victoires ne faisaient point perdre de vue à Molière le but suprême de ses désirs, la reprise de *Tartuffe*. Après ces nouvelles preuves de soumission et de talent données à Saint-Germain et à Paris, il se crut en mesure de rouvrir la lutte. Le roi, en partant pour l'armée des Flandres, lui accorda l'autorisation verbale de faire remonter sur les planches *l'Imposteur*, mondanisé et défroqué, *Panulphe* au lieu de *Tartuffe*, hypocrite de cour au lieu d'hypocrite d'église, en habit de ville, grand collet, dentelles et rubans, avec l'épée. Presque rien de changé, sans doute, aux gestes et paroles. *Tartuffe* reparut donc le 5 août au Palais-Royal, trop petit pour contenir la foule qui s'écrasait. Ce fut un triomphe étourdissant.

Mais, si le roi était loin, les dévots étaient là : sincères ou de grimace, ils veillaient. En l'absence du souverain, la police appartenait au Parlement. Son respectable président, M. de Lamoignon, janséniste austère, blessé dans ses sentiments de piété, dès le lendemain fit interdire la pièce. Les affiches sont lacérées, les portes fermées, des gardes en armes posés devant le Palais. Molière, sans perdre de temps, court chez la duchesse d'Orléans. Celle-ci dépêche à son tour chez le Président un de ses officiers, un messager maladroit, qui gâte tout, n'obtient rien. Les saints faisant la sourde oreille, il faut s'adresser au bon Dieu! La Grange et la Thorillière, les deux plus distingués de la troupe, hommes de sens et de tact, esprits clairs et bons diplomates, s'élancent, dès le 8 août, en poste, sur la route de Flandre, chargés d'une supplique pour le roi :

... Dans l'état où je me vois, où trouver, Sire, une protection qu'au lieu où je vais la chercher ?... La cabale s'est réveillée... Ils ont trouvé moyen de surprendre des esprits qui, dans toute autre matière, font une haute profession de ne se point laisser surprendre. Ils ne sauraient me pardonner de dévoiler leurs impostures aux yeux de tout le monde... J'attends avec respect l'arrêt que Votre Majesté daignera prononcer sur cette matière; mais *il est très assuré*, Sire, *qu'il ne faut plus que je songe à faire de comédie si les Tartufes ont l'avantage*, qu'ils prendront droit par là de me persécuter plus que jamais, ils voudront trouver à redire aux choses les plus innocentes qui pourront sortir de ma plume.

Le roi reçut très bien les deux messagers. « Monsieur nous protégea à son ordinaire, et Sa Majesté nous fit dire qu'à son retour à Paris, Elle ferait examiner la pièce et que nous la jouerions. Après quoi, nous sommes revenus. Le voyage a coûté 1 000 livres à la troupe. » Malheureusement, le retour du roi se fit attendre. Dès le 11 août, l'archevêque de Paris avait lancé une ordonnance interdisant « à toutes personnes du diocèse de représenter, lire ou entendre réciter la susdite comédie, soit publiquement, soit en particulier, sous quelque nom et prétexte que ce soit et sous peine d'excommunication ». Une entrevue de Molière avec le Président de Lamoignon, ménagée par Boileau, n'obtint aucun adoucissement. Lors du retour du roi, le 7 septembre, Molière, profondément découragé, repris par ses maladies, épuisé par la lutte, sembla prêt, en effet, à exécuter sa menace, à se retirer du théâtre. Le Palais-Royal resta fermé durant sept semaines. C'est le 25 septembre seulement que, sur les instances de ses amis, il se décida à le rouvrir avec *le Misanthrope*.

Il semble que, cette fois encore, malgré l'interdiction maintenue pour *le Tartuffe*, il ait été relevé, dans son abattement, par quelque assistance royale. Et lorsqu'après quelques mois de retraite laborieuse, ragaillardi, comme d'habitude, et surexcité par les épreuves, il montra n'avoir rien perdu de sa verve en donnant *Amphytrion*, à la ville et à la cour, pour leurs étrennes de 1668, on crut trouver, dans cette étincelante et victorieuse rivalité avec Plaute et Rotrou, plus d'une allusion transparente aux dernières misères et consolations du poète de cour, serviteur des puissants :

Vers la retraite en vain la raison nous appelle,
En vain notre dépit quelquefois y consent :
Leur vue a sur notre zèle
Un ascendant trop puissant,
Et la moindre faveur d'un coup d'œil caressant
Nous rengage de plus belle.

La liberté, parfois irrévérencieuse, vis-à-vis des grands et de leurs vices, qui éclate, à chaque instant, dans les vers, au rythme libre, de cette spirituelle fantaisie, prouvait bien clairement et publiquement la rentrée du poète en des grâces qu'il n'avait jamais sérieusement perdues. Remis en train par le succès, complétant ou recomposant, avec une sûreté rapide de mise au point due à son expérience plus mûre, d'anciens scénarios, il s'affirme, coup sur coup, avec une profondeur d'ironie douloureuse, artiste plus vivant que jamais, dans ces deux comédies, poignantes et presque tragiques, *Georges Dandin*, en juillet, *l'Avare* en septembre.

A travers tous ces événements, sa pensée, comme celle de ses amis, restait toujours attachée à *Tartuffe*. Durant l'année 1668, comme Chantilly, hors du diocèse de Paris, échappait aux foudres de l'excommunication lancées par Mgr de Harlay, le Grand Condé y avait fait représenter publiquement *le Tartuffe*, le 20 septembre. Il s'était déjà donné, clandestinement, la même satisfaction, dans son

Hôtel, à Paris, le 4 mai. Il devenait clair qu'il suffirait d'une occasion pour que l'interdiction ecclésiastique fût levée par l'autorité royale, Molière la crut venue, lorsqu'un bref du pape Clément IX, mettant fin aux dissentiments avec la cour de Rome, fut apporté à Versailles, et qu'une médaille fut frappée le 1er janvier 1669 pour solenniser la conclusion de cette « Paix de l'Église ». La Paix de l'Église devint vite, en effet, la Paix au Théâtre. La permission de « représenter *le Tartuffe* en public sans interruption » fut signée dès le 5 février. Le même soir, une foule énorme « où l'on courut hasard d'être étouffé dedans la presse » applaudissait à tout rompre le revenant annoncé comme « pièce nouvelle ». On ne joua rien autre, au Palais-Royal, jusqu'aux vacances de Pâques. Encore fallut-il, les jours de liberté, l'aller jouer chez les grands personnages. « Beaucoup se plaignent ici, et les médecins aussi, dit Gui Patin, vu qu'il n'y a plus que les comédiens qui gagnent au *Tartuffe* de Molière! »

Cette victoire ne fut attristée pour l'auteur que par la mort de son père, le 25 février, dix jours après la première représentation. Jean Poquelin laissait des affaires fort embrouillées. Déjà, l'année précédente, son fils lui avait fait discrètement avancer 10 000 livres, par l'entremise et sous le nom de Rohault. Lors du règlement de la succession, le 5 août, il se chargea, avec la même générosité reconnaissante, d'acquitter le passif.

La cause de Molière était donc gagnée, à la ville comme à la cour, en province bientôt et à l'étranger comme à Paris, et avec elle, celle de la liberté au théâtre. Désormais, on pourra, de temps à autre, la bâillonner encore, on ne pourra plus l'étouffer. Par sa franche et énergique passion pour la vérité, le farceur philosophe, achevant l'œuvre de Descartes et de Pascal, a complété, pour la nation entière, pour la noblesse, la bourgeoisie, le peuple, l'affranchissement de pensée qu'ils avaient opéré dans l'élite des esprits cultivés, et délivré de toutes les chaînes traditionnelles le génie national.

Molière, sur-le-champ, remercia gaîment le roi par un court billet, où il lui recommandait pour un canonicat vacant, « le fils de son honnête médecin, qui lui promet, et veut s'obliger devant notaire à le faire vivre encore trente années ». Il s'excuse d'oser « demander encore cette grâce le propre jour de la grande résurrection de *Tartuffe*, ressuscité par les bontés de Sa Majesté ». Mais, ajoute-t-il, « je suis, par cette première faveur, réconcilié avec les dévots et je le serais, par cette seconde, avec les médecins ».

IV

DERNIÈRES ANNÉES

(1669-1673)

Molière était-il réconcilié avec les dévots par les applaudissements publics librement enfin accordés à Tartuffe ? Allait-il l'être avec les médecins parce que le fils de l'un d'eux, du sien, recevait de la faveur royale une sinécure ecclésiastique ? Le fin railleur était trop avisé pour le croire. Le ton même de son remerciement, ironique et triomphant, semblait d'un fâcheux augure pour ceux de ses adversaires qu'il ne jugeait point encore suffisamment abattus. On le vit bien dès que les occasions, en apparence les moins opportunes, lui en furent offertes par toute la série des fêtes brillantes organisées, les années suivantes, dans les résidences royales, et auxquelles il prit la plus grande part, comme fournisseur d'intermèdes joyeux et de fantaisies bouffonnes, soit intercalés entre les divertissements musicaux et chorégraphiques, soit leur servant de prétexte et de cadre.

C'est une habitude de plaindre, et même d'accuser

Molière, pour s'être si complaisamment plié aux caprices et aux exigences de la protection royale. Pouvait-il agir autrement, après tant de bienfaits reçus? Est-il certain surtout qu'il eût envie de faire autrement? Homme d'action autant que de pensée, habile à se servir des gens autant qu'à disposer des choses, ne semble-t-il pas, au contraire, qu'il ait trouvé, dans ces récréations improvisées, d'heureuses satisfactions pour les besoins de son génie inventif autant que pour ceux de son amour-propre? A voir l'entrain qu'il y déploie, comment s'imaginer qu'il en ait tant souffert? Dans ces ballets tour à tour mythologiques, allégoriques, bouffons, son imagination, délivrée de toutes les règles imposées au théâtre, échappant aux chaînes des unités, se mouvait avec plus d'aisance et pouvait se laisser plus franchement aller à toutes sortes de hardiesses et d'innovations. Ces alternatives de gravité mélancolique et d'explosions de joie, ne s'étaient-elles pas déjà naturellement succédé dans son œuvre, comme elles se succédaient dans sa vie? Chaque fois qu'il avait éprouvé quelque déboire à l'occasion de ses grandes œuvres, ne l'avait-on pas vu remonter, avec des éclats de rire bruyants, sur ses tréteaux de paradiste, pour se venger des autres et de lui-même, en reprenant des forces pour continuer la lutte?

Si nous allons voir maintenant se succéder, presque régulièrement, le grave au bouffon, la farce à la poésie, que l'inspiration vienne du roi ou qu'elle vienne de lui, nous y reconnaîtrons une liberté d'esprit conforme aux éternels et doubles instincts de la nature humaine, mieux gardée par les hommes de cour et par les gens du peuple, que par le dogmatisme des lettrés. En passant de *M. de Pourceaugnac* aux *Amants magnifiques*, du *Bourgeois gentilhomme* à *Psyché*, des *Fourberies de Scapin* aux *Femmes savantes*, de *la Comtesse d'Escarbagnas* au *Malade imaginaire*, Molière allait donner d'égales preuves d'une souplesse de génie et d'une fertilité de moyens comparables à celles de ses grands prédécesseurs, Shakespeare et Lope de Vega. Comment pourrions-nous partager aujourd'hui les préjugés scholastiques sur la dignité exclusive de la comédie régulière et classique dont Boileau, sévère ami de Molière, son loyal et ferme soutien, se faisait, auprès de lui, l'écho obstiné avec une sincérité de douleur touchante? Est-il vrai que l'auteur du *Misanthrope* se déshonorât lorsqu'il endossait la casaque de Scapin, ou s'exposait, sous le pourpoint de Pourceaugnac, aux poursuites armées des apothicaires? Pas plus, assurément, que tous les princes et gentilhommes, qui, sous des déguisements allégoriques, dansaient autour de lui des entrechats. Tout ce monde était exubérant de jeunesse et de confiance, de vaillance et de sentimentalité, d'intelligence et de malignité : Molière s'associait naturellement à cette joie de vivre. Plus mûr, néanmoins, et plus réfléchi, il ne manquait pas de mêler, à tous les plaisirs qu'il leur donnait, les enseignements de son expérience sagace, enseignements d'autant mieux acceptés qu'ils se présentaient sous des formes de plus en plus vives, spontanées, franches et gaies. Alors, d'ailleurs, par prudence ou par ordre, laissant quelque répit aux hypocrites d'église ou de cour, le voilà qui se retourne du côté du tiers-état. Dans la nouvelle campagne qu'il entreprend, il s'attaque, de préférence, aux vanités, prétentions, sottises, qu'il avait observées dans le monde bourgeois, soit à Paris, soit en province.

Tartuffe n'avait pas encore épuisé son succès au Palais-Royal quand Molière et Lulli furent appelés au château de Chambord, où la cour allait passer la saison des chasses. Les deux compères, alors en bonne intelligence, poète et musicien, Parisien et Florentin, y donnèrent à qui mieux mieux, et de leur métier, et de leur activité, et de leur personne. Arrivés à Chambord le 17 septembre ils n'en repartirent que le 20 octobre. *M. de Pourceaugnac* avait été représenté le 6 de ce mois. Il aurait donc suffi de 19 jours pour composer texte et musique, organiser la mise en scène, suivre les répétitions. Or, durant ces trois semaines, Molière avait joué, presque tous les jours, dans son répertoire ordinaire. Il est bien certain qu'en cette circonstance comme en d'autres, il remania, adapta, rajeunit d'anciens scénarios composés dans ses tournées juvéniles. Bien que la scène soit à Paris, les types sont provinciaux ou étrangers. Pourceaugnac est limousin, Sbrigani napolitain, Nérine sent aussi son origine italienne, bien qu'elle soit polyglotte, et parle couramment la langue d'oïl, comme Lucette la langue d'oc. On y entend deux Suisses jargonner du franco-allemand. Il y a des chanteurs italiens. Tout le vocabulaire médical s'étale dans le discours des médecins consultants et le vocabulaire juridique éclate dans les menaces du hobereau-robin qui tantôt se vante et tantôt rougit de sa science du droit, due simplement, dit-il, à son bon sens de gentilhomme. C'est un pot-pourri international et interprovincial de langages et de patois, où l'auteur prend plaisir à montrer le profit qu'il a retiré de ses vagabondages au nord et au midi. C'est aussi décidément, l'introduction, sur la scène comique, des petites gens de races diverses, avec les particularités exactes de leur esprit et de leur langage. Charlotte, Pierrot, avaient commencé dans *Don Juan*, Martine et Toinette vont bientôt suivre. Molière, dans le rôle du limousin ahuri, remporta un succès de fou rire, comme le maëstro Lulli, lui aussi pantomime incomparable, avec ses singeries, dans celui d'un médecin porteur de seringue.

Les médecins et leurs médecines, les apothicaires et leurs instruments tiennent, dans ce divertissement royal, une telle place que les spectateurs modernes s'en déclarent volontiers scandalisés. Nous avons, en effet, d'autres mœurs,

> ...des mœurs qui se croient plus sévères
> Parce que nous lavons et nous rinçons nos verres.

Mais, à la cour du grand roi, on ne se condamnait pas toujours, ni des yeux, ni des lèvres, à tant de réserves pudibondes, pas plus que, dans les résidences princières, les architectes ne songeaient encore aux constructions d'hygiène et de propreté qui nous semblent les plus indispensables. Il suffit d'ouvrir les mémoires et lettres du temps pour savoir que la liberté de langage, prise par Molière, et même sa liberté de gestes, étaient celles des dames les plus raffinées. Ce mélange de grossièretés naïves et de préciosités subtiles, qui n'impliquait point, d'ailleurs, des corruptions morales plus profondes que nos corruptions modernes sous une réserve apparente dans les mots, n'est pas un des traits les moins curieux de la société du XVIIe siècle.

Quant aux satires sanglantes dont Molière poursuit, avec un acharnement opiniâtre, l'ignorance, la suffisance, la cupidité des médecins, le ton amer n'en dépasse pas celui des médecins même lorsqu'ils parlent alors de leurs confrères. Les lettres de Gui Patin, le saigneur infatigable, le galiéniste fanatique, expliquent et justifient les applaudissements dont toutes les victimes de leur routine solennelle, ou leurs survivants, saluaient la révolte et la protestation du bon sens contre leurs infatuations meurtrières. Molière pouvait-il oublier que son vieux maître Gassendi avait succombé à l'acharnement des lancettes, saigné treize fois de suite le jour de sa mort? Molière, d'accord avec Louis XIV, était, cette fois encore, le défenseur du progrès contre la tradition, de la science contre la routine. Tous deux acceptaient l'émétique et la circulation du sang quand Gui Patin, doyen de l'école de Paris, enregistrait la mort d'un adversaire, un docteur de Montpellier, trop accessible aux idées nouvelles, en ces termes furibonds : « Comme étant fort malade, on lui proposait une saignée, il répondit que c'était le remède des pédants sanguinaires et qu'il aimait mieux mourir que d'être saigné. Ainsi a-t-il fait. *Le Diable le saignera dans l'autre monde comme le mérite un fourbe et un athée* ». Il faut reconnaître qu'auprès de ces animosités et aménités professionnelles, les ironies de Molière semblent assez innocentes.

Après cette débauche de réalisme gaulois, un repos dans l'idéalisme espagnol, dans le roman héroïque après la fantaisie bouffonne, était le relèvement et le rafraîchissement obligatoires. Le roi, nous dit Molière, « le roi qui ne veut que des choses extraordinaires dans tout ce qu'il entreprend » lui fournit lui-même le sujet des *Amants magnifiques*. Thème assez hardi pour le temps, dans une telle société, en de tels lieux, et qui révèle, chez le roi, à ce moment si bien servi par de petits bourgeois, une liberté d'esprit presque révolutionnaire. Il s'agit, en effet, d'un soldat de fortune, amoureux d'une grande princesse, dont il est aimé. Sincèrement soumis tous deux aux conventions sociales, ni l'amant, ni la dame, par dignité, n'osent longtemps se déclarer, Ils finissent cependant par s'épouser, sans que le vaillant général ait besoin, comme don Sanche d'Aragon, de trouver subitement, par un coup de théâtre invraisemblable, l'humilité de son origine plébéienne échangée pour l'éclat d'une naissance royale. Toute cette action amoureuse est menée entre personnages de sentiments élevés et de langage courtois, avec une dignité souriante et d'exquises délicatesses; *les Amants magnifiques* furent joués à Saint-Germain, en février 1670.

Peu de temps auparavant, au même château, le roi avait reçu en audience solennelle un envoyé du Grand Seigneur, Soliman Muta Harraca. La mise en scène était somptueuse. « Le roi, sur un trône d'argent, au-dessus d'une estrade de quatre degrés, y paraissait dans toute sa majesté, revêtu d'un brocart d'or, tellement couvert de diamants qu'il semblait qu'il fût couronné de lumière ». Mais le Turc, non moins superbement vêtu, chargé d'orfèvreries et de pierres précieuses, n'avait point été ébloui, comme il convenait, ni par le luxe de la salle, ni même par la beauté fière de l'Auguste Majesté! Il affecta même de ne s'en point apercevoir, et son indifférence fut imitée par sa suite. Cette insolence inattendue chez un Barbare avait exaspéré la vanité des courtisans. On résolut de s'en venger en s'en moquant. D'Arvieux, drogman de l'ambassade, familiarisé, par un long séjour, avec les coutumes de l'Orient, fut adjoint à Molière et Lulli pour la composition d'une turquerie grotesque, où ces mécréants seraient traités de la bonne manière.

Le Bourgeois gentilhomme, joué, l'année suivante, au même château de Chambord, dans la même saison de chasse, y surprit et y enchanta plus encore que son aîné, le pseudo-gentilhomme de province, le robin honteux, M. de Pourceaugnac. De même que la course des clystères n'avait été qu'un prétexte à bafouer la sottise des charlatans et la suffisance des provinciaux, les intermèdes dansants, la cérémonie turque en l'honneur du nouveau Mamamouchi et le Ballet des Nations, n'avaient été pour la souplesse de Molière qu'une occasion d'intercaler dans un cadre bouffon une de ses comédies les plus vivantes, d'une haute portée sociale. D'une part, la Bourgeoisie vaniteuse, mais honnête, avec ses ridicules dans M. Jourdain, sa droiture et son bon sens dans Mme Jourdain. D'autre part, la Noblesse, cultivée mais corrompue, avec ses insolences et ses vices, dans la comtesse intrigante et son digne amant, le comte escroc. C'était continuer encore avec plus de hardiesse, sous des formes plus habiles, la campagne, depuis longtemps commencée, contre toutes les vanités, vilenies ou sottises engendrées par les inégalités sociales.

Il semble qu'à ce moment, du reste, une heureuse accalmie, dans ses souffrances physiques et morales, avait rendu, pour quelque temps, un essor plus libre à l'inspiration toujours prête de l'obstiné lutteur. Dans sa champêtre solitude d'Auteuil, il échappait, le plus souvent possible, aux tracas et aux soucis du surmenage théâtral et directorial. Le délicieux portrait qu'il fait tracer de sa femme par le tendre Cléonte, dans *le Bourgeois*, révèle tout au moins le désir et l'espoir d'une réconciliation qui fut accomplie au plus tard l'année suivante, puisque Armande lui donna un second fils en septembre 1672. Dans cet état d'esprit, comme il est en veine de gaîté et de poésie, il est en veine de générosités et de pardons. Il se réconcilie et réconcilie sa femme avec le jeune Baron, qu'on rappelle de province pour l'attacher définitivement à la troupe. Il se réconcilie avec le vieux Pierre Corneille, dont il avait été mal accueilli à ses débuts et qu'il avait lui-même irrévérencieusement attaqué.

L'occasion ou la conséquence de ces raccommodements fut un nouveau ballet, à grand spectacle, demandé par le roi. Cette fois encore, après la bouffonnerie, la poésie. Il y avait au garde-meuble un magnifique décor des Enfers, depuis longtemps inutilisé. D'autre part, le roman de *Psyché*, la pittoresque légende d'Apulée, délicieusement modernisée par le bonhomme La Fontaine, était le grand succès du jour. Coïncidence vraiment tentante! Vite, vite, une *Psyché aux Enfers*! La besogne pressait, Molière dut demander à son maître, au doyen du Théâtre, sa collaboration. L'auteur du *Cid* et de *Polyeucte*, toujours jeune malgré ses soixante-quatre ans, se souvint qu'avant d'être le puissant tragique, il avait été le tendre et vif auteur d'exquises fantaisies galantes, il accepta avec empressement. Le rôle du bel Amour était réservé au beau Baron, celui de la séduisante Psyché à la séduisante Armande, dont les beaux yeux et l'esprit pétillant excitèrent une féconde émulation entre les deux poètes également glorieux, l'un qui l'adorait, l'autre qui l'admirait. On était si pressé que, pour les vers à musique, on dut appeler un troisième collaborateur, Quinault : « Le carnaval, dit Molière, approchait, et les ordres du roi m'ont mis dans la nécessité de souffrir un peu de secours. »

Un peu de secours! C'est, il faut l'avouer, de la part de Molière, un euphémisme assez peu modeste et marquant peu d'égards pour Corneille. En fait Molière avait fait 650 vers, Corneille 2 226, et ceux du vieux maître comptent parmi les plus charmants qu'on puisse recueillir dans son œuvre immense, et même dans la poésie lyrique et élégiaque du XVIIe siècle. Sans doute, dans les parties qu'il avait pu achever, Molière avait fait un effort heureux pour se hausser, comme dans *les Amants magnifiques*, jusqu'au style de la poésie noble, tout en gardant son originalité d'observateur psychologique. Il faut pourtant constater que Corneille, pris à l'improviste et pour une besogne dont il semblait avoir perdu l'usage, déploya encore, dans cette occasion, une maîtrise supérieure de pensée et d'exécution.

En attendant que le Palais-Royal pût représenter, à son tour, cette *Psyché* si fort applaudie aux Tuileries, mais dont la mise en scène exigeait de grandes dépenses en décors et costumes, il fallait bien faire patienter le public parisien. Dès le 24 mai, Molière l'apaise en lui offrant *les Fourberies de Scapin*. C'était encore là une de ces farces joyeuses, dont avaient raffolé naguère les badauds du Lyonnais, de Languedoc, de Gascogne. Remanié, amplifié, raffiné par un artiste, chaque jour plus sûr de lui, *Gorgibus dans le sac*, sous son nouveau titre, allait vite conquérir une légitime popularité qui dure encore, malgré les protestations de Boileau.

C'est à ce moment, semble-t-il, que l'honnête et sévère Aristarque, navré de voir son ami s'abaisser, selon sa pensée, à des besognes indignes de son génie, et surtout compromettre sa dignité de poète sous le travestissement et les grimaces d'un bouffon, lui aurait, de nouveau, adressé à ce sujet des supplications pressantes. Il est juste de dire qu'à ce scrupule moral s'ajoutait, probablement chez Boileau comme chez d'autres familiers, l'appréhension de quelque catastrophe. On s'effrayait du surmenage que ce travail opiniâtre et compliqué de composition, de direction, d'administration imposait à ce valétudinaire d'autre part accablé par d'incessantes douleurs ou inquiétudes intimes. « Conten tez-vous de composer, lui disait-on, laissez l'action théâtrale à quelqu'un de vos camarades, cela vous fera plus d'honneur dans le public, et vos acteurs, d'ailleurs, qui ne sont pas des plus souples avec vous, sentiront mieux votre supériorité. » On sait la réponse de l'impresario, réponse dictée à la fois par une passion persévérante pour l'action théâtrale, une conception plus large et plus libre de la profession de comédien, un sentiment généreux de solidarité reconnaissante pour ses compagnons de mauvaise et de bonne fortune : « Ah! Monsieur, que dites-vous-là! *Il y a honneur à ne point quitter.* »

Toutes les circonstances, pourtant, se succédaient sans relâche, pour lui conseiller une détente. Mais ce repos, comment le prendre? Tandis que *Scapin* est joué tous les jours, on prépare la mise en scène de *Psyché*. *Psyché* est à peine montée et jouée le 24 juillet, qu'en prévision du prochain mariage de Monsieur, veuf d'Henriette, avec une princesse palatine, le roi demande deux comédies pour encadrer les intermèdes d'un énorme ballet. Dans ce *Ballet des Ballets,* devront être réunis les plus brillants épisodes applaudis dans les ballets antérieurs. C'est Molière qui doit procéder à cette confection, « lui donner l'âme », c'est Molière qui doit improviser les deux morceaux dramatiques, c'est Molière qui doit y jouer les principaux personnages. Des deux comédies, l'une est perdue, *la Pastorale,* où l'auteur figurait *un Pâtre* et *un Turc,* l'autre est *la Comtesse d'Escarbagnas.* Ce dernier pot-pourri enchanta l'Allemande et toute la cour, qui le redemanda durant l'hiver.

Chaque hiver était, pour Molière, une cause de rechute. Mais, cet hiver-là, à toutes les souffrances d'une bronchite opiniâtre, s'en ajoutèrent bien d'autres. Le 19 février, il ne put jouer, parce que Madeleine Béjart, la vieille amie de sa jeunesse, la conseillère de toute sa vie, la fondatrice de la troupe, s'éteignait après une longue agonie. En ce moment, on monte *les Femmes savantes*, achevées, sans doute, durant la maladie. La première représentation est donnée le 11 mars. Nouveau triomphe, nouvelles tempêtes. L'attaque renouvelée contre la Préciosité et le Pédantisme est, cette fois, si générale et si énergique, poussée à fond avec une telle franchise de développements, une telle hardiesse de personnalités, que toutes les haines endormies se réveillent. Physiquement, Molière n'en peut plus. Moralement, il sent qu'il faiblit. Pendant qu'il prépare la représentation des *Femmes savantes*, sa femme accouche d'un fils qui meurt un mois après. C'était le second fils qu'il perdait. Il ne lui restait qu'une fille. Sa douleur fut profonde. Il n'avait même pas le temps de pouvoir suivre le conseil qu'il donnait naguère, en semblable deuil, à La Mothe Levayer :

> Aux larmes, Le Vayer, laisse tes yeux ouverts,
> Ton deuil est raisonnable, encor qu'il soit extrême,
> Et lorsque pour toujours on perd ce que tu perds,
> La Sagesse, crois-moi, peut pleurer elle-même.

Durant la maladie même de l'enfant, on avait dû déménager, quelques jours après l'accouchement, pour s'installer dans la rue Richelieu. La veille de sa mort, le dimanche 16 octobre 1672, il y avait eu, au théâtre, une bagarre presque sanglante, à coups de pieds et coups d'épée, entre un gentilhomme et des laquais. Du parterre, on avait lancé des pierres aux comédiens, et Molière avait été blessé par le gros bout d'une pipe à fumer. En même temps, il était en querelle violente avec son ancien collaborateur et ami, l'intrigant et astucieux Lulli. A force de flatteries et de bassesses, le Florentin avait extorqué, au mois de mai, pour son « Académie Royale de Musique », entre autres avantages exorbitants, le privilège exclusif des pièces chantées et dansées. Malgré ses protestations, Molière vit réduire son personnel musical à 6 chanteurs et 12 violons. Il dut remplacer, dans *la Comtesse*, la partition de Lulli par celle de Charpentier et demander au même compositeur la musique de la nouvelle comédie qu'il achevait à travers tant d'angoisses. Mais cette partition ayant paru trop importante encore à Lulli et pouvant lui faire concurrence, Charpentier fut obligé de la mutiler. Molière pouvait-il s'empêcher de voir, dans ces faveurs excessives accordées à son persécuteur, une diminution de sa propre influence auprès du roi, son protecteur nécessaire ?

C'est dans ces tristes conditions que fut composé, répété, joué, *le Malade imaginaire*. Il n'avait jamais fallu à l'auteur autant d'énergique volonté, une telle habitude de réagir par l'intelligence philosophique contre les réalités brutales, et de refouler, par le rire consolateur, les larmes de désespoir ou de rage prêtes à tomber. Lorsqu'il ramassa ce qui lui restait de force pour remonter sur les planches, pour se persuader à lui-même qu'il n'était qu'un malade imaginaire, pour crier aux spectateurs ce qu'il souffrait des impuissances ou mensonges de la science médicale, il ne se faisait plus guère d'illusion. Il joua avec peine, dans les trois premières représentations, les 10, 12 et 14 février.

Avant la quatrième, le vendredi 17, au matin, « il se trouvait tourmenté de sa fluxion plus qu'à l'ordinaire » ; il fit appeler sa femme et lui dit, en présence de Baron :

> Tant que ma vie a été mêlée également de douleur et de plaisir, je me suis cru heureux ; mais aujourd'hui que je suis accablé de peines sans pouvoir compter sur aucun moment de satisfaction et de douceur, je vois bien qu'il me faut quitter la partie, je ne puis plus tenir contre les douleurs et les déplaisirs qui ne me donnent pas un instant de relâche. Mais, ajouta-t-il, qu'un homme souffre avant de mourir ! Je sens bien que je suis fini.

Sa femme et Baron, émus jusqu'aux larmes, le supplièrent de ne point jouer ce jour-là, de remettre la représentation. « Comment voûlez-vous que je fasse ? leur dit-il ; il y a cinquante pauvres ouvriers qui n'ont que leur journée pour vivre. Que feront-ils si l'on ne joue pas ? » C'est à peine s'il consentit à faire venir quelques-uns des comédiens et à les prier de commencer le spectacle à quatre heures précises. La toile fut levée à l'heure dite. Molière eut grand'peine à tenir jusqu'au bout. « La moitié des spectateurs s'aperçurent qu'en prononçant *Juro* dans la cérémonie du *Malade imaginaire*, il lui prit une convulsion. Ayant remarqué lui-même que l'on s'en était aperçu, il se fit un effort et cacha par un rire forcé ce qui venait de lui arriver. »

Ce rire forcé, celui même dont, masquant ses

angoisses, il avait tant de fois égayé les plus froids spectateurs, c'était le dernier. On n'eut que le temps de l'envelopper dans sa robe de chambre, de le conduire, frissonnant et glacé, dans la loge de Baron. Une chaise à porteurs fut appelée, et Baron l'accompagna. Il était à peine au lit qu'il lui prit une grosse toux. Après avoir craché, il demanda de la lumière : « Voici, dit-il, du changement ». Baron, ayant vu le sang, qu'il venait de rendre, poussa un cri de frayeur. « Ne vous épouvantez point, lui dit Molière, vous m'en avez vu rendre bien davantage. Cependant, ajouta-il, allez dire à ma femme qu'elle monte ».

Déjà, accourues au bruit, deux sœurs religieuses, d'Annecy, dit-on, qui venaient chaque année quêter à Paris et auxquelles il donnait l'hospitalité, le soignaient et l'assistaient. Il demanda lui-même les sacrements. Son valet et sa servante coururent chez MM. Lenfant et Lechaut, deux prêtres de la paroisse. Tous deux refusèrent de venir. Un troisième, l'abbé Paysant, s'habillant en hâte, arriva cependant trop tard. Avant même que Mlle Molière et Baron fussent remontés « il avait rendu l'esprit entre les bras de ces deux bonnes sœurs ; le sang qui sortait par sa bouche en abondance l'étouffa ».

Baron alla de suite à Saint-Germain annoncer la nouvelle au roi. « Sa Majesté en fut touchée et daigna le témoigner. » Qui pouvait, alors, s'attendre aux difficultés qui allaient retarder les funérailles ? L'année précédente, jour pour jour, le 17 février, la vieille amie de Molière, Madeleine Béjart, était morte, et peut-être, en sa courte agonie, le souvenir de cet anniversaire, s'ajouta-t-il, pour le mourant, au poids de ses angoisses. Le clergé de Saint-Germain-l'Auxerrois avait célébré avec éclat les obsèques de la comédienne, « portée en carrosse à l'église de Saint-Paul », où elle avait voulu être enterrée. Cependant, se fondant sur le Rituel de 1646, œuvre de François de Gondi, interdisant le viatique « aux indignes, tels qu'usuriers, concubinaires, comédiens, s'ils ne sont d'abord purifiés par la sainte confession et n'ont donné satisfaction pour leur offense publique », le curé de Saint-Eustache refusa la sépulture. La requête adressée à Mgr de Harlay par la veuve et le beau-frère, n'obtint de l'archevêque qu'un renvoi à l'official, pour information, au bout de trois jours. Le cadavre restait donc toujours là, l'affaire allait encore traîner, si Mlle Molière n'avait pris le parti d'aller à Saint-Germain se jeter aux pieds du roi. On a dit que Louis XIV aurait répondu brusquement à la veuve, en la renvoyant à l'archevêque. Mais qui connaît les paroles échangées dans ce lugubre entretien ? Qu'il lui ait dit qu'il fallait l'autorisation de l'archevêque, c'est probable, c'était régulier. Ce qui est certain, c'est que le lendemain même du jour où il renvoyait l'affaire à l'official, Mgr de Harlay dut, sur la même feuille, autoriser « la sépulture ecclésiastique, à condition que ce sera sans aucune pompe, avecque deux prêtres seulement, hors des heures du jour, et qu'il ne se fera aucun service solennel ». Il faut donc bien reconnaître là encore la volonté royale certifiée par Boileau : « Sa Majesté fit dire à ce prélat qu'il fît en sorte d'éviter l'éclat et le scandale ».

C'est à nuit noire, le mardi 21 février 1673 que fut levé « rue Richelieu, proche l'Académie des Peintres », le corps de « défunt Jean Baptiste Poquelin de Molière, tapissier, valet de chambre ordinaire du Roi », pour être inhumé au cimetière Saint-Joseph au pied de la croix. En l'absence du clergé, une centaine de ses amis l'accompagnèrent, portant de grands flambeaux. La foule, assemblée aux portes de la maison mortuaire, était si grande que Mlle Molière en prit peur un moment, lui croyant des intentions hostiles. Comme il y avait beaucoup de pauvres, on lui conseilla, suivant l'usage, de leur distribuer quelque argent. « A cinq sols par tête, il y en eut pour mille à douze cents livres; ils étaient trois à quatre mille. Elle les jeta à ce peuple assemblé en le priant avec des termes si touchants de donner des prières à son mari, qu'il n'y eut personne de ces gens-là qui ne priât Dieu de tout son cœur. »

Molière laissait, avec un très riche mobilier, une fortune de 40 000 livres (300 000 francs environ). Sa veuve touchait de plus sa part d'auteur. Quant à la valise contenant les manuscrits, elle la confia heureusement à Lagrange. Cet ami fidèle y reprit, pour la première édition des œuvres, en 1682, quelques-unes des pièces jouées autrefois et non encore imprimées. A sa mort ses héritiers n'eurent point, pour ce précieux dépôt, le même respect. Les papiers posthumes de Molière sont perdus, comme ont été perdues toutes les lettres qu'il dut écrire durant sa vie active. L'écriture même du grand écrivain ne nous est connue que par quelques signatures.

L'OEUVRE

V

L'ORIGINALITÉ

Un tempérament chaud et généreux, une sensibilité vive et passionnée, un bon sens droit et ferme, une volonté opiniâtre et patiente, une intelligence rapide et curieuse, une pensée nette et libre, tels sont (sa vie nous l'a montré) les dons naturels si rarement associés qui, joints au besoin et au juste sens de l'action utile, constituent le fonds du génie de Molière. On connaît les circonstances dans lesquelles et par lesquelles ce génie s'est développé. Que trouverons-nous, dans son œuvre, de qualités traditionnelles qui le rattachent à ses devanciers, de qualités communes qui l'apparentent à ses contemporains, de qualités particulières qui le distinguent des uns et des autres, et dont l'ensemble établit, pour lui, dans l'art de la comédie, une supériorité écrasante, et jusqu'à présent sans rivale?

Comme dans tous les produits du génie humain,

ouvrages d'art littéraire ou plastique, on y peut aisément, par l'analyse, démêler trois éléments, plus ou moins puissamment amalgamés : ce que l'artiste a reçu du passé par assimilation, ce qu'il a recueilli dans le présent par impressions et observations, ce qu'il transmet à l'avenir par les appoints personnels de son imagination, de son invention, de son exécution. Or Molière fut, à la fois, l'un des assimilateurs les plus infatigables et les plus judicieux que nous offre notre histoire théâtrale et l'un des observateurs les plus pénétrants et les plus profonds que la littérature puisse comparer aux psychologues et philosophes de profession. De plus, par l'irrésistible attrait, aussi communicatif aujourd'hui qu'en son temps, de ses conceptions joviales ou sérieuses, il reste le créateur d'un monde idéal peuplé de figures immortelles, aussi vivant, aussi varié, aussi largement accessible à tous, dans le champ des réalités familières, que peut l'être le monde idéal de Shakespeare dans la sphère des vraisemblances tragiques, historiques et poétiques

On a comparé fréquemment, longuement, Molière à Shakespeare. (Dr Humbert en Allemagne, Paul Stapfer en France.) Il semble qu'en effet tous deux seuls soient de même taille. Le parallèle, d'ailleurs, s'impose par d'étranges similitudes dans les tempéraments et les destinées. Tous deux sont fils de marchands, l'un à la campagne, l'autre à la ville, exercés, de bonne heure, à la pratique des affaires dans un milieu laborieux et probe. Même complexion chaude et tendre, même intelligence curieuse et souple, formée à la fois par les leçons du magister classique et celles des écoles buissonnière ou foraine, même humeur indépendante, même volonté précoce. Tous deux, à peine majeurs, quittent leur famille par suite d'une folie d'amour qui pèsera sur toute leur vie. L'un, à dix-neuf ans, a épousé une fille de vingt-six, l'autre, à vingt ans, a suivi une femme mûre, dont il épousera la trop jeune sœur, à dix-huit ans, lorsqu'il en aura quarante. Pour tous deux, en des liaisons d'aventure ou des unions disproportionnées, les tortures sont d'autant plus cruelles que dans les milieux irréguliers où ils sont forcés de vivre, ils conservent une délicatesse de sentiments, une droiture de jugement, une noblesse de pensée qui survivent, non sans repentirs et remords, à leurs pires désordres.

Puis, dès qu'ils sont jetés dans la vie hasardeuse de la Bohême théâtrale, les voilà tous deux, grâce à leur activité énergique, des factotums pratiques et intellectuels, à la fois acteurs et auteurs, administrateurs et directeurs. Leur bonne éducation, leur instruction première leur permettent de frayer au dehors, dans les sociétés choisies, avec les gens de cour, lettrés, savants, et d'y conquérir leur place malgré tous les préjugés. Tous deux y acquièrent gloire et fortune, grâce au charme de leur personne, à la dignité de leur conduite, qui leur assurent, autant que l'éclat de leurs ouvrages, les protections nécessaires aux hardiesses de leur génie.

Chez tous deux, même passion pour l'art qu'ils exercent, même dévouement actif à leurs compagnons de travail, même fécondité dans la création théâtrale, même absence de vanité ou d'orgueil.

Tous deux meurent à cinquante et un ans, dans toute leur force de penseurs et créateurs, l'Anglais déjà retiré des luttes dans sa bourgade champêtre, le Parisien en pleine activité, dans sa ville enfiévrée, tous deux si insouciants de leur gloire qu'ils n'ont pris soin ni d'imprimer toutes leurs œuvres ou d'en corriger l'impression, encore moins de les recueillir. Ce seront des amis qui, après leur mort, sauveront ce qu'ils pourront recueillir de leurs épaves, 36 pièces pour Shakespeare, 33 pour Molière. Eux ne nous laissent rien pour nous renseigner sur leurs vies, leurs sentiments, leurs pensées, ni correspondance, ni notes, ni brouillons, ou, s'ils en ont laissé, leurs héritiers indifférents ont tout perdu.

Avec des facultés si semblables, de si semblables destinées, comment s'étonner qu'on puisse trouver dans leurs œuvres, d'apparences si disparates, un fond général de similitudes, parfois même quelques rencontres de détail? N'est-ce pas, chez l'un et chez l'autre, le même besoin de franchise et de vérité, le même amour pour ce qui est vivant, sain et naturel, la même pénétration à deviner les ressorts cachés des sentiments et des passions humaines, la même habileté puissante à faire mouvoir, sur la scène, en des actions intéressantes, avec des gestes et des paroles décisives, des personnages-types d'une réalité individuelle si fortement condensée qu'elle devient une vérité générale?

La comparaison, d'ailleurs, doit s'arrêter là. Si les mêmes causes devaient, en de mêmes tempéraments, développer des qualités de même sorte pour l'acte de la production, elles agissaient sous des influences trop variées de climats, de croyances, de mœurs, d'état social et politique, pour que cette production, dans la forme, ne fût pas extraordinairement diverse. La sincérité même de leurs génies, aussi fidèles sur les bords de la Seine et sur ceux de la Tamise aux traditions ancestrales que librement soumis aux influences contemporaines, a précisément fait d'eux, à un demi-siècle de distance, les représentants les plus complets de leurs pays et de leurs langues. Tous deux s'adressent, aussi sûrement l'un que l'autre, à l'âme de leur race. Molière, par la vivacité, la clarté, la simplicité, la netteté de son langage familier, la juste portée de sa raillerie, joyeuse ou moralisante, reste aussi profondément un Français, Gallo-Romain du XVIIe siècle, que Shakespeare, par les sonorités pittoresques, l'abondance exubérante de son éloquence lyrique ou triviale, ses échappées vers la nature extérieure, ses contrastes d'émotions tragiques et de subtilités sentimentales reste un Anglais, Celto-Saxon-Normand du XVIe siècle.

Leur vertu principale, leur vertu constante à tous deux, même en leurs improvisations les plus négligées, est celle qu'ils doivent à leur métier de comédiens. L'art de la mise en scène, de la vie infusée aux personnages par la vraisemblance et la convenance des actions, gestes, paroles, ne leur fait presque jamais défaut. Or, cet art spécial et professionnel, auquel nulle perfection littéraire ne saurait suppléer, est d'une telle importance et d'une telle puissance qu'il peut, en revanche, faire oublier toutes les irrégularités et incorrections. Il n'y a pas de théorie qui tienne, pas d'idées préconçues ou réfléchies sur les moyens et le but du théâtre qui ne se dissipent, lorsque le spectateur est sérieusement ému ou irrésistiblement diverti. « La principale règle est de toucher, dira lui-même Racine. Toutes les autres ne sont faites que pour parvenir à cette première. »

La grande force de Molière, comme celle de Shakespeare, fut d'avoir compris de suite, par la pratique personnelle et l'expérience quotidienne, que c'était là la vertu essentielle. Lettrés dès leur jeunesse, curieux, sagaces, sensibles, mais lettrés artistes, ils ne furent jamais, heureusement pour eux et pour nous, ni des érudits, ni des critiques, ni même des littérateurs professionnels. Ils n'en ont ni la méthode, ni les scrupules, ni le labeur solitaire et casanier, en vue de l'impression et de la lecture. Le Théâtre, avec ou sans décor, où des êtres en chair et en os, gais ou tristes, aimables ou odieux, se rencontrent, se parlent, s'adorent ou se haïssent, voilà leur atelier de travail. C'est pourquoi ils répugnent, comme les Italiens de *la Commedia dell'Arte*, à fixer définitivement ces explosions spontanées de sentiments et de passions qui se modifient et se complètent, pour eux, à chaque représentation, soit par le jeu même des acteurs, soit par leurs propres réflexions. Juger les auteurs dramatiques à la toise des formules scolaires ou des préjugés littéraires, c'est commettre, avec une erreur, un déni de justice. Telles concessions superficielles qu'ils aient dû faire à des formules ou préjugés en vogue, Molière et Shakespeare, de fait et au fond, s'en affranchissent le plus souvent. Comme le vrai but de Shakespeare est d'émouvoir ou d'enchanter, celui de Molière est de divertir et d'instruire.

Ce génie de l'action comique par la pantomime et par le langage, où Molière l'a-t-il connu, avant de l'amplifier et de le développer jusqu'à l'outrance? Dans quelques anciens, assurément, Térence, Aristophane, Plaute surtout, mais bien plus encore dans les parades du Pont-Neuf, les mascarades des Italiens, les imbroglios de l'Espagne et les improvisations extravagantes, mais vivantes et franches, d'Alexandre Hardy. Sur ce point, comme sur d'autres, on est stupéfait, lorsqu'on le pratique assidûment, de l'étendue de ses connaissances directes et livresques dans le passé et dans le présent. Nul, en son siècle, sinon La Fontaine, n'a puisé, de tous côtés, avec autant d'avidité et d'intelligence, dans l'immense trésor des traditions françaises et étrangères. Il n'est point d'année où l'érudition contemporaine, infatigable et pointilleuse, ne découvre mille preuves de sa familiarité avec le répertoire des Italiens et des Espagnols. Quant à nous, Français, nous ne pouvons guère ouvrir un livre de comédies, tragédies, farces, moralités, satires, contes, fabliaux joués ou imprimés chez nous avant lui ou de son temps, sans être convaincus, par quelque imitation scénique ou réminiscence verbale, qu'il les a connus, à son grand profit.

Toutefois, dans notre ancien théâtre, l'action visible restait le plus souvent réduite, pour les entrées, sorties, jeux de scène, à des quiproquos grotesques, bousculades et bastonnades, pour les monologues à des tirades en hors-d'œuvre, pour les dialogues à de vifs échanges de paroles rapides et salées, sans autre but que d'exciter les gros rires. Toujours mêmes types excessifs et peu nombreux, mêmes antiques et banales plaisanteries, qui, ranimées par la verve des bateleurs, suffisaient à réjouir les badauds. Voilà ce que, d'abord, naïvement et modestement, le comédien ambulant se contenta de reprendre dans ses tournées provinciales, mais en y ajoutant, à chaque reprise, quelque joyeuseté de son cru. Bientôt, à mesure qu'il voit mieux et pense mieux, il corse les vieilles farces et les amplifie par l'addition de traits caractéristiques dans les fantoches séculaires et de traits satiriques dans les dialogues traditionnels. C'est ainsi que, par degrés, la haute comédie, la comédie tragique même, vont sortir des parades. Ainsi *la Farce de Gorgibus dans le Sac* deviendra *les Fourberies de Scapin*, *le Fagotier* se changera en *Médecin malgré lui*, *le Barbouillé* en *Georges Dandin* et ainsi de suite. La persistance et le plaisir avec lesquels Molière reviendra toujours, après chacune de ses œuvres sérieuses, dont s'augmente sa gloire dans la société aristocratique, à ces divertissements bouffons qui lui assurent les applaudissements populaires, n'attestent pas seulement son habilité à se conserver toutes ses catégories d'admirateurs. Elles prouvent aussi, de sa part, ce sûr instinct, fortifié par l'expérience, des plus impérieuses nécessités de l'art théâtral. C'est par une très juste crainte d'avoir trop accordé aux développements d'éloquence satirique, philosophique, morale, qu'il revient si vite aux souvenirs de Tabarin, Gaultier-Garguille, Gorju, Scaramouche, si grossiers parfois, mais toujours si vivants!

En même temps que cette habileté scénique lui devenait plus familière, une autre supériorité plus rare et plus inattendue, grandissait rapidement en lui. Sans doute, dans les auteurs comiques, ses prédécesseurs, en dehors des types traditionnels, transmis par l'Antiquité à la Renaissance, on trouvait bien des essais de caractères plus actuels, plus vraisemblables, mieux étudiés et mieux définis. Malheureusement nous avions, là comme ailleurs, oublié notre libre élan au Moyen âge : l'admirable Pathelin n'avait point eu de successeurs. Déjà Molière, en donnant une telle importance au mouvement scénique, répondait à l'un des instincts les plus impérieux de notre race, celui d'agir et de voir agir. Il allait satisfaire mieux encore d'autres habitudes indigènes, en faisant de ce mouvement scénique la représentation railleuse des travers, vices et ridicules auxquels la nation est si sensible.

L'heure était bonne, nous l'avons dit, pour ce retour, sur le théâtre, comme partout, à la vérité, à la nature, à la simplicité. La Poésie, par Malherbe et son école, la Philosophie, par Gassendi et Descartes, avaient déjà combattu le combat de la Raison raisonnante contre l'Imagination débridée, de la Réalité vivante contre l'Idéal romanesque. L'enquête laborieuse, entreprise à l'Hôtel de Rambouillet par les purificateurs du langage, par le dilettantisme mondain et l'érudition grammaticale, était elle-même fondée sur la raison et, malgré les abus d'une préciosité subtile, elle livrait à la nouvelle génération un instrument d'expression singulièrement aiguisé. Le seul tort de tout ce mouvement, inspiré et conduit, comme celui de la Renaissance, par une élite d'esprits trop spéciaux, était d'accentuer, de plus en plus, entre l'aristocratie et la nation, ce divorce anormal dont nos arts et nos lettres devaient si longtemps souffrir.

Sur les théâtres publics, fréquentés, depuis Richelieu, par la noblesse aussi bien que par les petites gens, on ne donnait satisfaction aux loges et au parterre que par une séparation de plus en plus hostile des genres autrefois librement associés. D'ailleurs, dans la comédie, comme dans la tragédie, depuis 1629 environ, l'effort était visible pour dégager l'action scénique des complications extravagantes de l'intrigue espagnole, par une observation plus directe et plus réfléchie des réalités environnantes. Corneille, dans ce genre aussi, avait affirmé sa valeur « sans attendre le nombre des années ». *Mélite*, *Clitandre*, *la Galerie du Palais*, *la Place Royale*, *la Suivante*, en plaçant, avec sincérité, le développement des sentiments amoureux chez des personnages contemporains dans leur milieu réel, avait ouvert à la comédie nationale un plus vaste champ. Cette naturelle et charmante poussée de poésie familière et mondaine fut coupée presque net, pour le fécond Rouennais, par le triomphe éclatant du *Cid*, d'*Horace*, de *Cinna*, *Polyeucte*, etc. Désormais exalté par les complications tragiques des luttes entre le Devoir et la Passion, entraîné, par le flot puissant de son éloquence virile, dans les débats politiques et moraux, il ne revint qu'en de rares occasions à la veine charmante, joyeuse ou noble de ses premiers essais. Chaque fois qu'il y revint, il fit un chef-d'œuvre, *le Menteur*, la *Suite du Menteur*, *Don Sanche d'Aragon*. Dans toutes ces pièces, les types et les caractères individuels commencent à se préciser, les différentes catégories sociales à se mêler et s'associer. Même dans les transpositions des textes espagnols, on sort de l'imitation du livre par l'imitation de la nature.

Molière commence de la même façon. Son mérite sera de poursuivre la tâche jusqu'au bout, jusqu'à ses conséquences extrêmes. L'observation directe, de plus en plus perspicace et intense, réfléchie, méthodique, après avoir insufflé une vie nouvelle à des scénarios antiques ou étrangers, deviendra l'intérêt capital de la pièce, son but et sa raison. Dans le théâtre du passé, c'étaient les événements extérieurs qui déterminaient l'action des caractères. Dans le théâtre de l'avenir, ce seront les caractères qui détermineront les événements extérieurs. Ce qu'on appelait l'intrigue, ce qui semblait jadis indispensable, lui deviendra même si indifférent que, plus d'une fois, il oubliera ou dédaignera, avec une désinvolture frisant l'impertinence, de donner à ses dénouements la moindre vraisemblance. A la fin d'un défilé grouillant de figures admirables, bouffonnes ou sérieuses, de types, ridicules ou sympathiques, d'êtres bien vivants, profondément humains, voici, tout d'un coup, tomber du ciel ou sortir de terre un messager quelconque qui vient bouleverser, par ses révélations abracadabrantes, le tableau généalogique des familles afin d'éviter les incestes et marier les amoureux. On croit entendre le cri brusque du gardien annonçant l'heure de la clôture, à la porte d'un musée : « Allons, Messieurs, on ferme, on ferme! » Et tout le monde s'embrasse par des reconnaissances extravagantes, agencées à la diable, comme dans *l'Étourdi*, *l'École des Maris*, *l'École des Femmes*, etc., etc....

Ce n'est point par le seul Corneille que la tâche lui avait d'abord été bien préparée. De 1630 à 1660, au théâtre, comme dans la poésie et le roman, c'est une fièvre de création extraordinaire, une émulation féconde entre les indépendants, traînards de la Renaissance, et les réguliers, préparateurs du Classicisme, entre la préciosité et l'idéal romanesques des Salons littéraires et le réalisme et la parodie burlesques chers aux bourgeois et provinciaux. Quelques-uns des auteurs comiques étudient déjà avec plus de sympathie les divers milieux sociaux, et donnent aussi plus d'importance à la représentation des caractères. Certains titres même nous indiquent la prétention de créer des types : *l'Esprit fort*, par Claveret (1629); les deux *Comédies des Comédiens*, par Gougenot et Scudéry (1633 et 1634); *le Railleur*, par A. Maréchal (1636), un des premiers compagnons de Molière. Des progrès plus décisifs sont effectués par *les Visionnaires*, de Desmarets (1637) et *la Belle Plaideuse*, de Boisrobert. D'autres, encouragés par le vieux Sorel qui, dès 1622, avait engagé la lutte de l'esprit populaire contre le pédantisme nobiliaire, par son *Histoire comique de Francion* et son *Berger extravagant*, accueillent sur la scène des bourgeois et des manants, des provinciaux et des campagnards (Du Ryer, *les Vendanges de Suresne*, 1635; Discret, *Alizon*, 1637; *les Noces de Vaugirard*, 1638; Gillet de la Teyssonnière, *le Campagnard*, 1657). En même temps, de libres poètes, comme Rotrou, dans ses tragi-comédies, pleines de beaux vers spirituels ou élégiaques, comme Cyrano de Bergerac, dans son *Pédant joué* et le désopilant Scarron, dans ses adaptations joyeuses des bouffonneries espagnoles, assouplissaient, animaient, coloriaient l'instrument rythmique et verbal avec une verve, une franchise, une abondance que l'on aurait tort d'oublier. Molière s'en est avantageusement plus d'une fois souvenu.

Néanmoins, dans toutes ces œuvres, les types comiques, hâtivement présentés, sous leurs traits les plus grossiers, avec des exagérations grotesques, n'y jouaient guère que des rôles anecdotiques, et reprenaient vite, en de banales répétitions, sans retouches sur nature, l'aspect conventionnel des anciens masques d'Italie. Ce personnel restreint de types simples et sommaires qu'avait déjà le plus souvent immortalisés le génie latin, par Plaute et Térence, pouvait-il suffire à une société aussi complexe que la société du XVIIe siècle où s'agitaient tant d'apports religieux du Moyen âge mêlés à tant d'apports humanistes de la Renaissance? Non, assurément. Il fallait en multiplier le nombre, en particulariser les traits, en fortifier la signification, par une étude plus intense et plus aiguë des modèles vivants, de façon à contenter les exigences des esprits cultivés par l'exactitude psychologique, en même temps que celles des cœurs naïfs par une véracité facilement intelligible et franchement accentuée. Ce fut l'œuvre de Molière.

Dès ses débuts, les forces et les finesses particulières de son génie d'observation se révèlent dans l'importance qu'il donne au caractère de ses personnages, alors même que, pour l'ensemble, il n'est qu'un imitateur et transformateur de canevas italiens. Observation d'une acuité exceptionnelle, d'une impartialité supérieure, où s'associent des qualités souvent incompatibles; car elle est à la fois analytique et synthétique, précise et générale, spontanée et réfléchie, mordante et bienveillante, railleuse et généreuse, satirique et morale, d'une virilité salubre et d'un bon sens imperturbable, même dans ses explosions de gaîté les plus extravagantes. Au Moyen âge, pour nous divertir et instruire, nous n'avions eu que la *Farce* gaillarde des vilains, la *Moralité* et la *Sotie* abstraites des bourgeois; à la Renaissance que des pastiches littéraires joués dans les Collèges ou les Palais, devant quelques initiés. Depuis Henri IV et Louis XIII, sur les scènes publiques, c'étaient, d'une part, des pastorales à l'italienne et des tragi-comédies à l'espagnole, pour une cour internationale, d'autre part, des intermèdes de parades égrillardes et grotesques, pour les laquais et les soldats. Le divorce entre l'art aristocratique et l'art populaire s'accentuait, de jour en jour, par le développement de la tragédie classique. L'honneur de Molière, comme celui de La Fontaine, fut de renverser les barrières. Entre ses mains, la comédie, rajeunie et renouvelée par la sincérité de cette observation générale, au lieu de rester l'expression incomplète et sommaire d'une seule classe sociale, allait devenir, non seulement pour la France la *Comédie nationale*, mais, pour toutes les nations civilisées, la *Comédie humaine*.

Un large souffle d'humanité court déjà dans son œuvre avant qu'il n'en fasse retentir le mot. A la malignité perspicace et irrespectueuse, à la raillerie joviale et sensée de l'apprenti parisien, à l'esprit littéraire et aux sérieuses réflexions de l'adolescent studieux s'ajoute vite tout ce qu'une précoce et rude expérience de la vie a donné au comédien errant, de sympathie bienveillante et universelle pour tout ce qui, dans l'homme, lui semble naturel, sincère, franc, généreux, droit et loyal. C'est grâce à cette expérience que, rentré à Paris, il s'y montre libre de tous les préjugés étroits qu'impose fatalement, plus ou moins longtemps, une jeunesse enfermée dans un seul milieu, et qu'il se meut, avec aisance, en dehors et au-dessus des coteries littéraires, mondaines ou bohèmes, prenant d'elles pourtant ce qui lui en semble bon, même lorsqu'il les combat dans leurs ridicules. C'est grâce à cette expérience qu'il voudra et pourra devenir à la fois le favori du beau monde et des petites gens, des courtisans et des bourgeois, des naïfs et des délicats, qu'il les amusera tous en les instruisant tous par le spectacle des travers et ridicules, des défauts et des qualités, des vices et des vertus qui leur sont communs à tous sous la diversité des costumes et des mœurs.

Une première conséquence de cette acuité supérieure d'observation est la prédominance progressive, dans les comédies ou farces, du caractère des personnages sur tout autre élément habituel de l'action scénique. L'intérêt de l'intrigue, la coordination vraisemblable des scènes, les coups de théâtre, l'esprit de mot, l'effet de style passent au second rang. Un second effet sera l'esprit de suite, l'opiniâtreté avec laquelle le *Contemplateur* revient sans cesse sur les mêmes sujets pour les analyser, les approfondir, les compléter, ne se fatiguant point de s'attaquer aux mêmes types, de les tourner et les retourner, afin d'en préciser les changeants aspects. Dans le but d'exposer plus clairement la variété des effets, dans les sentiments ou les vices, suivant les tempéraments, les conditions, les métiers, il emploie d'abord, dans ses premiers essais, un procédé familier aux Latins et Espagnols : il dédouble ses personnages. La même antienne sera répétée, mais d'un ton différent, par un maître et un valet, un homme et une femme, un gentilhomme et un bourgeois. Bientôt, dans *l'École des Maris* et *l'École des Femmes*, qui ne sont, au fond, que deux variations progressives, sur le même *leit-motiv*, il ne se contente plus de dédoubler les exemplaires d'un même type ; il oppose l'un à l'autre des types contradictoires, à propos des mêmes circonstances, se combattant dans la même famille.

Ces quelques portraits qu'il dresse en pied, gesticulants et parlants, en un choc déterminé de passions, ne suffisent pas longtemps à son impérieux besoin de décrire un plus grand nombre d'êtres vivants, ridicules ou sympathiques. Dès que l'occasion lui en sera offerte, dans *les Fâcheux*, *la Critique de l'École des Femmes*, *l'Impromptu de Ver-*

sailles, *le Remerciement au Roi*, ce seront, en longues processions, des individualités contemporaines qu'il fera défiler sous nos yeux, largement brossées ou croquées sur le vif, en des tableaux parlants, d'une couleur franche et chaude, ou des dessins nets et rapides, d'une sûreté incisive et mordante, comme gravés par la pointe à l'emporte-pièce.

Est-ce assez? Va-t-il s'en tenir à ces juxtapositions de caractères opposés, dans une simple affaire de famille, comme la préparation d'un mariage? Pas encore. Sa vision s'étend, s'affine, s'élargit. Il ne suffit pas que le défaut ou le vice agisse, dans une brève circonstance, momentanément, sur quelques comparses. Il faut qu'il grandisse, s'incarne, avec toutes ses nuances, dans le même homme, et par cet homme réagisse sur toute la famille où il passe, sur toute la société où il vit, pour les bouleverser, les scandaliser, les étonner, les rappeler au bon sens, à la vérité, à la vertu. Ces caractères dominants, représentatifs des grands vices et des grandes vertus, ces surhommes, comme on dirait aujourd'hui, ce seront *Tartuffe*, *Don Juan*, *Alceste*, c'est-à-dire *l'Hypocrite*, *l'Athée*, *le Misanthrope*.

On a, de notre temps, reproché à Molière l'intensité puissante avec laquelle, assemblant et condensant, dans les mêmes personnages, toutes sortes de vices ou travers, le plus souvent épars dans la réalité, il en a fait des êtres synthétiques, d'une signification générale. Ce ne sont plus, a-t-on dit, des gens de son temps, des individus réels, avec des traits particuliers, suffisamment datés par les détails de leur milieu naturel et moral. A force de généraliser, le poète philosophe retourne aux abstractions, impersonnelles et glacées, des vieilles *Moralités* scolastiques, à ces insupportables *Allégories* vagues et bavardes, dont l'imagination française est restée hantée et desséchée depuis *le Roman de la Rose* et les tirades verbeuses des écolâtres et robins aux XIVe et XVe siècles.

Le plus souvent l'accusation est formulée par des étrangers, accoutumés à voir les seules reproductions exactes de la vie dans l'éparpillement tumultueux ou spirituel des actions multiples et des paroles abondantes chez les grands dramaturges espagnols et anglais, Lope de Vega et Shakespeare. Parfois elle est due à des Français, mais qui ont perdu, par l'évolution étroitement réaliste et prosaïquement copiste du théâtre contemporain, le désir et le besoin d'une exaltation de l'imagination et de la pensée. Des deux côtés, ce blâme implique deux erreurs : en fait, la méconnaissance de la part importante que Molière devait prendre, et qu'il a prise, en conformité avec les idées de son pays et de son siècle, à l'évolution classique de la littérature française; en théorie, l'oubli des conditions essentielles, en tout temps, de l'œuvre d'art supérieure, d'autant plus dominatrice et suggestive qu'elle résume et condense, en des créations idéales, avec plus de logique et de relief, une plus grande somme de vérités positives. C'est par les mêmes erreurs de critique ou même froideur d'esprit qu'on reproche, en sens inverse, aux personnages comiques de Molière, d'accumuler aussi, en leurs personnes, plus de ridicules que n'en comporte, à l'ordinaire, un seul individu. Certes, il serait bien difficile de leur contester, à ceux-là, l'extraordinaire force de vie qui leur jaillit par tous les pores, gestes et paroles, et qui, depuis plusieurs siècles, soulève, chez tous les peuples, des rires inextinguibles. Mais, de même qu'on trouvait *Tartuffe*, *Alceste*, *Harpagon*, trop abstraits et trop raisonneurs, on trouve *Pourceaugnac*, *Jourdain*, *Argan* trop bouffons et trop extravagants. Comme si ce grossissement expressif des figures, par l'élimination des détails inutiles et l'accumulation des détails significatifs, n'était pas l'obligation propre de l'art théatral et sa vertu principale! Comme si l'on ne sentait pas, l'on ne subissait pas, l'on n'admirait pas, sous des formes diverses et par des moyens divers, le même travail d'élimination et d'exagération chez tous les maîtres de la scène, antiques ou modernes, classiques ou romantiques! Plus leur imagination est puissante, plus leur personnalité est originale, plus leurs créations deviennent poétiques, c'est-à-dire, à la fois aussi vivantes que nous, par la réalité de leurs apparences, mais plus profondément et plus durablement vivantes que nous par la quantité de vérités actuelles et éternelles qu'elles contiennent et qu'elles fixent.

Molière, observateur et penseur, psychologue et poète, complète et achève, sur la scène comique, l'œuvre commencée sur la scène tragique par Corneille, et complétée par Racine. Il est, comme eux, à certaines heures, le type du classique français au XVIIe siècle, mais, par bonheur, plus indépendant, il émancipe, d'avance, un art trop enchaîné dans la monotomie de sa noblesse et sa grandeur. L'aisance joyeuse avec laquelle il se dégage en toute occasion, franchement ou sournoisement, de la tyrannie des unités, et s'exerce à rapprocher, de nouveau, le comique et le tragique, le rire et les larmes, la gaîté et le sentiment, dans *Don Juan*, *le Misanthrope*, *Georges Dandin*, *le Malade imaginaire*, et dans les comédies-ballets, prévoit et prépare toutes les formes futures de notre art théâtral, depuis le drame romantique et la comédie intime, jusqu'à l'opéra, l'opéra-comique, l'opérette, le vaudeville, la féerie.

La souplesse infatigable avec laquelle, utilisant les moindres occasions, il introduit, dans tous les genres, plus de naturel et plus d'humanité, serait sans doute mieux remarquée s'il avait pris soin de se faire valoir lui-même en quelques préfaces ou commentaires. Il n'eut guère le loisir d'y penser ou, plutôt, créateur actif, peu soucieux des théories, trouvait-il suffisant de rompre, en réalité, avec les routines ou préjugés à la mode, sans perdre en paroles explicatives un temps précieux et des forces déjà trop limitées au gré de ses impatiences fertiles. L'évolution incessante de son génie vers une expression objective, de plus en plus franche, libre et complète de la vie, s'opère, chez lui, par degrés, modestement, lentement. Et cette absence d'efforts apparents nous ravit d'autant plus qu'on y sent, au fond, une visée constante très réfléchie et très volontaire.

De ce qu'il conserve, par habitude ou commodité, comme on le fera longtemps après lui, certains noms conventionnels, représentatifs d'un type général, tels qu'*Ariste*, *Géronte*, etc., ou commémoratifs de quelques comédiens ou rôles comiques particulièrement applaudis, *Gros-René*, *Scapin*, etc., qu'il en forge lui-même de nouveaux, comme *Sganarelle*, *Mascarille*, *Orgon*, *Tartuffe*, *Argan*, au lieu de prendre, dans la société contemporaine, des noms réels et variés, s'ensuit-il que, sous ces étiquettes génériques, parlent et agissent des personnages moins bien situés et définis, et qu'ils ne soient ni de leur pays ni de leur temps? Assurément Molière n'a guère souci de la couleur locale, au sens où nous l'entendons aujourd'hui; on l'y peut même trouver plus indifférent encore que Corneille et surtout que Racine dont il n'a point la sensibilité plastique et pittoresque. Néanmoins on doit constater que lorsqu'il emprunte soit à l'Antiquité, soit à l'Espagne et à l'Italie quelques-uns des types consacrés, sitôt qu'il les introduit dans le milieu français, il les dépayse en attendant qu'il les remplace par des types du terroir. Plus il s'enhardit dans l'intelligence de la réalité, plus il accentue, même dans les appellations, l'origine et les caractères spéciaux de ses personnages, français ou étrangers, parisiens ou provinciaux. Depuis *l'Étourdi*, *le Dépit*, *les Précieuses*, jusqu'à *la Critique* et *l'Impromptu*, on peut suivre la rapide évolution d'un gallicisme dont il prend mieux conscience à chaque épreuve. Désormais, s'il emprunte au loin des scénarios célèbres tels que *la Princesse d'Élide* et *Don Juan*, il en transforme si bien l'esprit et le langage qu'ils deviennent des créations absolument françaises. Où trouver une peinture plus vive du cynisme spirituel des cavaliers libertins de la cour de Versailles, et, par avance, des roués de la Régence, qu'en ce séduisant et misérable Don Juan si peu andalous? Et ces représentants inoubliables de l'Hypocrite aux belles manières, du fier et digne Courtisan, du Mondain obligeant et tolérant, de la Coquette insensible et incorrigible, du Bourgeois vaniteux et du Bourgeois avare, Tartufe, Alceste, Philinte, Célimène, Harpagon, Jourdain, où les placer, où les reconnaître ailleurs qu'à Paris et à Versailles, au temps du jeune Louis XIV?

De fait, plus l'impitoyable observateur s'accoutume et accoutume son public à voir net et parler franc, plus il accentue, dans la forme comme dans le fond, la réalité de ses victimes. Toutes les œuvres de sa dernière période, *les Femmes savantes, la Comtesse d'Escarbagnas, le Malade imaginaire* marquent sa volonté constante de préciser, avec plus de saillie, de couleur, de vivacité, le tempérament, les origines, l'éducation, les défauts spéciaux et les qualités particulières de ses personnages. C'est déjà moins Plaute et Térence que Lesage et Balzac. On a pu dire, avec raison, que son œuvre est un miroir fidèle de la France de Louis XIV; il suffit, pour s'en convaincre, d'y comparer les mémoires et les correspondances du temps. Miroir incomplet, a-t-on ajouté! Mais est-ce bien la faute de celui qui le tenait et le promenait, avec tant d'ardeur, autour de lui? Qui sait ce qui s'agitait encore dans le cerveau de l'athlète terrassé, à cinquante et un ans, en pleine vigueur et clarté d'un génie toujours grandissant? Qui sait si, dans ses reliques perdues, ne se trouvaient pas déjà les ébauches des peintures sociales qui semblent manquer encore à sa riche collection?

Science du théâtre, force, exactitude, variété

d'observation, intelligence vive et profonde des réalités humaines, est-ce là tout ce qui constitue l'originalité supérieure de Molière? Non encore. Car le don le plus rare que la nature lui ait accordé, celui qui, au même degré, avec les mêmes qualités réunies, n'a jamais reparu dans un ensemble d'œuvre littéraire, c'est le don de la gaîté. Quel ravissement incomparable que ce rire de Molière, rire sonore et clair, franc et viril, qui passe par toutes les gammes, depuis l'explosion bruyante de la joie la plus folle jusqu'au plus discret sourire d'une mélancolie résignée, ce rire consolant et salubre, même lorsqu'il semble s'échapper avec peine, comme par un hautain défi au désespoir, de lèvres contractées par la douleur, ce rire tour à tour implacable et attendri, vengeur et compatissant, léger et profond, toujours naturel, chaleureux, humain! Oui, c'est bien là le rire incorrigible, le rire fortifiant, celui de notre race, ce rire français que les étrangers ne comprennent pas toujours, et qui éclate, dans un seul homme, par une manifestation unique, avec toutes ses meilleures qualités!

Si on le compare au bon rire de tous ses devanciers, au Moyen âge et à la Renaissance, on le trouvera moins grossier et moins brutal que chez la plupart des conteurs et farceurs, aussi fin et moins sec que celui de Pathelin, aussi large, abondant, chaleureux, plus délicat que celui de Rabelais, moins atténué et refroidi par un dilettantisme égoïste que celui de Montaigne. Dans son âpre sincérité et sa raison mordante, il retentit souvent avec des éclats de grave ironie dignes de Pascal et *des Provinciales*.

Combien le rire savant, calculé, compassé de son ami Boileau, le grand satirique, semble glacial à côté! Ses premiers successeurs au théâtre, Regnard, Dancourt, Dufresny, n'en reprendront que la vivacité superficielle. Lesage seul, en retrouvera, en ses bons jours, quelques échos fidèles. Mais durant tout le XVIIIe siècle, ce beau rire ne feraque s'affiner en de légers sourires, tantôt gracieux et attendris, comme celui de Marivaux, tantôt sèchement ironique et froid, comme celui de Voltaire. Il faudra l'approche de la Révolution, et les sourds grondements du volcan prêt à lancer ses flammes sanglantes, pour que Beaumarchais ramasse le fouet tombé des mains du grand moqueur, et le fasse claquer à son tour avec une virulence qu'eût applaudie son maître. Personne, en fait, ne saura plus, si complètement, avec la même aisance, sans esprit de mots, sans ironie desséchante, sans niaiserie prudhommesque, sans pédantisme prédicant, associer la gaîté au bon sens, mettre la raison dans le rire, et faire du rire l'arme la plus utile et la plus sûre de la raison.

VI

PASSIONS ET CARACTÈRES

Molière était trop sensible et trop passionné pour ne point apporter, dans ses observations, la vivacité de sentiment qui lui était habituelle et pour ne pas communiquer cette vivacité aux êtres fictifs que son imagination, si bien outillée, faisait ensuite mouvoir sur les planches. Il était, d'autre part, trop sensé par nature, et trop réfléchi par éducation, pour ne pas vouloir donner, à ces êtres fictifs, une ressemblance aussi exacte que possible avec des êtres réels, par la vérité de leur extérieur comme de leur esprit, de leurs actions et de leurs paroles. Vivant lui-même, d'une vie forte et complète, par les sens et par la pensée, par le cœur et par le cerveau, dans le réel et dans l'idéal, lorsqu'il projetait, hors de lui, ces créations de son intelligence, ce n'était qu'après leur avoir communiqué la plénitude d'existence qui bouillonnait en lui.

De là, dans la plupart de ses personnages, cette exubérance communicative qui éclate et s'exprime par la franchise, claire et rapide, d'un langage net, facile, abondant où transperce, sous les travestissements et incarnations divers, la personnalité, riche et débordante, du poète sans cesse égayé ou attristé. De là aussi, chez les mêmes personnages, grâce à la conscience scrupuleuse et opiniâtre qu'il apporte en ses études complémentaires sur leurs caractères, situations sociales et familiales, habitudes morales, intellectuelles, professionnelles, une réalité d'existence objective, visible et palpable, qui leur donne, pourtant, des physionomies bien particulières. C'est ainsi que vivent ensemble, dans une famille réelle, des enfants d'humeurs opposées et d'esprits différents, mais qui portent tous, néanmoins, par quelque détail physique ou intellectuel, la marque indéniable de leur paternité commune.

On peut donc, assez facilement, suivre, à travers son œuvre objective, l'évolution des passions et des sentiments personnels qui aiguisèrent sa pénétration et déterminèrent ses jugements dans son travail d'observation. L'amour sensuel et l'amour tendre qui, jusqu'au bout, charmèrent et empoisonnèrent sa vie, lui donnaient, sur les effets de cette passion, une claivoyance extrême. Il saisit donc avec prédilection toutes occasions d'en dépeindre les ravissements et les angoisses, les confiances et les jalousies, les exaltations et les désespoirs, les emportements et les délicatesses, les noblesses et les lâchetés, tout ce qu'il a connu, tout ce qu'il a senti si profondément chez les autres parce qu'il l'avait connu et senti en lui-même.

Depuis le joyeux *Étourdi*, où ce nigaud et fou

de Lélie, avec toutes ses imprudences et pétulances, par hâte de posséder sa belle esclave, manque, à tout coup, de la perdre, jusqu'au *Malade imaginaire*, où ce maniaque et sot d'Argan, par égoïsme et pusillanimité, se laisse capter son héritage par la vilaine Béline, quelle variété, aimable ou ridicule, d'amoureux et d'amoureuses, de fanfarons, de dupes et hypocrites d'amour, de tout âge, de tout rang, de toute humeur, de toute profession, dont la suite se déroule en ses comédies bouffonnes ou tragiques!

L'autre passion qui, chez lui, domine, avec ou après l'amour, est celle du théâtre. Il en aime le métier comme il en aime l'art. Il se plaît sur les planches, d'abord en comédien, parce que son ardeur de vivre éprouve une ivresse joyeuse à se travestir, se transformer, s'incarner, en des êtres divers et nouveaux. Il s'y plaît comme auteur, observateur, juge et justicier, parce que c'est de là qu'on peut parler le plus haut et le plus clair, communiquer à un plus nombreux public, par le rire ou l'émotion, ses propres sentiments et ses propres pensées, le charmer, le divertir, l'instruire, le moraliser. Dès ses débuts, il montre et il prouve qu'il comprend sa profession dans toute l'étendue de ses attraits, de ses devoirs, de ses influences. Et c'est dans cette passion pour le théâtre qu'il fortifie une autre passion plus haute encore, celle de la vérité humaine qu'il y veut transporter, la passion du naturel, de la franchise, de la simplicité, et, partant, la haine de tous les mensonges, hypocrisies, charlatanismes. Et c'est, à son tour, cette passion impérieuse pour la vérité, qui, en se portant, avec une même curiosité, sur tous les mondes, lui permet, en très peu de temps, d'y saisir et d'y fixer un tel nombre de types généraux et autour de ces types supérieurs, une telle quantité de types secondaires.

Molière, de retour à Paris, se trouva dans un milieu mondain et bourgeois, janséniste et cartésien, où l'étude et la connaissance de l'homme sentimental et moral semblaient la première des nécessités, la plus agréable et noble des occupations. On sait quel engouement pour les *Portraits*, en vers ou en prose, était alors de mode dans les livres comme dans les salons. Il s'enhardit vite, dans ce contact, à pousser à fond ses analyses psychologiques ; peut-être même y perdit-il un peu trop le goût et l'amour des choses extérieures, qui persista mieux chez les libres compagnons de sa jeunesse, La Fontaine, Cyrano, d'Assoucy, Chapelle, Bernier.

Mais s'il néglige parfois ou dédaigne la peinture physique de ses personnages, s'il nous laisse trop souvent ignorer leur âge, leur tempérament, leur profession, s'il oublie ou évite, presque toujours, de les engager dans une intrigue continue, réelle ou romanesque, dont l'intérêt l'emporterait sur celui de leurs caractères, en revanche, avec quelle pénétration, quelle force, quelle souplesse il analyse et reconstitue ces caractères ! La variété des types qu'il a fixés ainsi n'est pas moins prodigieuse que la précision et la sûreté avec lesquelles il les a fait agir et parler en concordance logique et soutenue de leur nature avec le milieu où ils évoluent. Le plus souvent, ce caractère est défini, par quelques traits vifs et décisifs, sitôt que le personnage entre et parle ou que son nom est prononcé. Dès les premières scènes, parfois dès les premiers mots, l'exposition est donc faite; nous savons à quel genre d'originaux nous aurons affaire. On n'a plus qu'à attendre les développements de cette originalité, d'abord dans les gestes et le langage de l'individu lui-même, puis dans leurs conséquences sur sa famille, ses amis, ses relations, et sur le dénouement de l'action engagée. Si nombreux que soient des acteurs multiples sur une scène agitée dans les pièces à tiroirs, comme *les Fâcheux*, *la Critique*, *l'Impromptu*, *la Comtesse d'Escarbagnas*, si complexe que soit leur état intellectuel et moral, comme celui de Tartufe, Don Juan, Alceste, Elmire, Célimène, le psychologue attentif, l'observateur consciencieux pousse à fond, d'un même zèle scrupuleux, l'exposé détaillé de leur personnalité, soit dans le croquis net et vif d'une apparition passagère, soit dans l'étude, soigneusement dessinée et modelée, d'une plus longue pose sous une plus forte lumière.

Si Molière, pour peindre l'aspect physique des gens est trop avare de ces termes pittoresques dont nous sommes devenus si prodigues, en revanche, il n'oublie guère de nous faire connaître leur atavisme familial et social, et même leur origine ethnique. Les provinciaux et les étrangers qu'il mêle, en ses fantaisies internationales, aux Parisiens et aux Français, y gardent l'accent et l'esprit de leur terroir. Aussi souvent que l'occasion s'en offre, ils y parlent leur langage, leur patois, leur jargon. M. de Pourceaugnac et Mme d'Escarbagnas, malgré leurs prétentions au purisme de la capitale, se trahissent, plus d'une fois, par des idiotismes limousins et des locutions saintongeaises. Les gens du commun, ou ceux qui les singent, y mettent naturellement moins de façons. Le comédien vagabond, qui a vécu avec eux, se garde bien de leur forger, littérairement, un langage conventionnel. C'est en vrai et bon patois de Picardie et de Languedoc, que Lucette et Nérine viennent assaillir Pourceaugnac ahuri. Et si le subtil conducteur des mystifications parisiennes, le Napolitain Sbrigant, attend les intermèdes pour parler italien, il ne manque pas d'afficher d'abord son dédain pour ce Paris « où l'on ne peut faire un pas sans trouver des nigauds qui vous regardent et se mettent à rire », et de rappeler, avec malice, son origine, pour inspirer confiance à sa bonne dupe : « Vous regardez mon habit qui n'est pas fait comme celui des autres, mais je suis originaire de Naples, tout à votre service et j'ai voulu conserver un peu et la manière de s'habiller et la sincérité de mon pays. »

Molière, comme on l'a dit, a-t-il traversé les Alpes, fait un séjour à Naples, traversé les Pyrénées, fait un séjour à Madrid? On en doute. Ce qui est sûr, c'est qu'à Paris, à Lyon, dans les villes du Midi, il a vu jouer des pièces italiennes et espagnoles, il n'a cessé de vivre au milieu d'Italiens et d'Espagnols; c'est qu'il lisait et parlait les deux langues. Avait-il aussi quelque teinture d'allemand? C'est possible. Dans *l'Étourdi,* Mascarille, déguisé en loueur de chambres garnies, jargonne le franco-tudesque avec un accent bien amusant, comme les deux soldats suisses qui voudront séduire M. de Pourceaugnac travesti en vieille.

Parisiens ou provinciaux, Français ou étrangers, ils sont peints en quelques mots, avec des habitudes, des défauts, des préjugés qui n'ont guère changé. Voici, dans *le Sicilien*, le gentilhomme français qui, présenté comme peintre à la maîtresse du gentilhomme de Messine, l'embrasse en la saluant : « Holà, Seigneur Français, cette façon de saluer n'est point d'usage en ce pays. — C'est la manière de France ! — La manière de France est bonne pour vos femmes, mais pour les nôtres, elle est un peu trop familière ». Don Pèdre, pour Adraste, est « un jaloux maudit, ce traître de Sicilien, notre brutal ». Mais quand le Sicilien s'étonne à son tour de trouver Adraste jaloux, celui-ci, pirouettant sur ses talons, lui répond avec une désinvolture versaillaise : « Les Français excellent toujours dans toutes les choses qu'ils font, et, quand nous nous mêlons d'être jaloux, nous le sommes vingt fois plus qu'un Sicilien ». Ailleurs, par instants, il semble que Molière se fasse même l'écho des jugements qu'on porte volontiers sur nous, à l'étranger, avec trop de justesse, et n'hésite point à nous faire dire nos vérités par l'Eraste des *Fâcheux* :

> Hé, mon Dieu, nos Français, si souvent redressés,
> Ne prendront-ils jamais un air de gens sensés ?...

L'étendue de son expérience, l'impartialité de sa philosophie se manifestent donc par le nombre et la diversité des types qu'il juxtapose, d'après les modèles offerts en tous lieux, dans tous les mondes où l'ont conduit les vicissitudes de son existence. Quelle que soit la catégorie dans laquelle il les choisisse, il est rare en outre, qu'il n'en montre pas, simultanément ou successivement, des exemplaires différents, les uns risibles, les autres estimables.

Dans la première nouveauté, par exemple, qu'il offre aux Parisiens, *les Précieuses ridicules*, ce sont, de suite, la noblesse et la bourgeoisie opposées face à face. Le milieu provincial où il les renferme, pour ce coup d'essai, justifiera ses hardiesses. Les vrais gentilshommes s'y tiennent encore dans la coulisse, mais leurs valets, parés de leurs plumes, ont endossé, en les exagérant, leurs travers et leurs défauts, fatuité, vantardise, affectation d'esprit, impertinence et insolence. Les cinglements d'étrivières que leur prodigue le satirique ne s'adressent aux rustres que pour mieux atteindre leurs maîtres. Ne sont-ce pas aussi les nobles pédantes, les bas-bleus des alcôves aristocratiques, qui sont bien et dûment frappées sur le dos des « pecques » provinciales et bourgeoises, de Mlles Cathos et Madelon ? Mais, en même temps, dans la personne du papa Gorgibus paraît ou plutôt réapparaît (nous le connaissons dès le Moyen âge), le vrai bourgeois français, homme simple, loyal, cœur naïf, d'une expérience modeste, mais sûre. C'est ce brave homme qui, sous des formes plus ou moins lourdes ou grossières, ridicules même et grotesques, va devenir, dans toute l'œuvre postérieure, le représentant de ce bon sens national, qui finit toujours par nous remettre en équilibre et santé, après les crises intermittentes de nos exaltations et folies chevaleresques, religieuses ou antireligieuses, monarchiques ou démagogiques.

Le satirique devient plus libre vis-à-vis de la cour,

dans le choix et la présentation de ses types, à mesure que le roi l'y encourage. Voici bientôt, dans *les Fâcheux*, toute une bande de seigneurs authentiques, qui défile, bourdonnante et agitée. Rien que des étourneaux ou maniaques, très importuns pour ceux qui n'ont pas le temps de les entendre, mais d'un égoïsme banal, superficiel et inoffensif. C'est l'amateur de théâtre, bruyant et vantard, qui encombre la scène et juge à tort et à travers, c'est l'amateur de musique, compositeur de ballets, qui assomme les gens de ses ariettes, le duelliste enragé, toujours en quête d'un second, le joueur de piquet, qui raconte ses coups manqués, l'amant sentimental qui vous vient poser des questions d'amour, le chasseur forcené dont les interminables récits ont la longueur et la solennité des tirades épiques

Le salon littéraire de *la Critique* assemble enfin de vraies femmes du monde, l'une, la maîtresse de la maison, Uranie, indulgente et douce, l'autre, sa cousine Élise, plus maligne et ironique, toutes deux intelligentes et charmantes, vis-à-vis de la prude et dédaigneuse Climène « la plus grande façonnière du monde..., ce qu'on appelle précieuse, à prendre le mot dans sa plus mauvaise signification ». L'aristocratie masculine est aussi représentée, dans ce cénacle, en partie double. Le détracteur de *l'École des Femmes*, maladroit et prétentieux, est un de ces marquis, décidément voués au ridicule, un de ces messieurs du bel air qui ne veulent pas que le parterre ait du sens commun et qui seraient fâchés d'avoir ri avec lui. Son défenseur est le judicieux et fin chevalier Dorante, qui défend avec feu, pied à pied, contre la précieuse et contre son venimeux champion le critique Lysidas, ses libres idées sur les droits de l'auteur comique et les soi-disant règles de l'art, les idées de Molière assurément. Chemin faisant, il sait aussi défendre, avec esprit et justesse, la société cultivée contre les préjugés du pédantisme intellectuel.

Pourtant, ce ne sont là encore que des figures épisodiques dont nous n'apercevons qu'une face dans une occasion courte et spéciale. Les caractères plus complets de l'homme et de la femme de cour, avec leurs vertus et leurs vices, l'ensemble de leurs qualités et défauts, ne se développeront à plein que dans *le Misanthrope* et *Don Juan*. En ces deux types virils, Alceste et Don Juan, aussi imposants que les héros tragiques dont ils ont la grandeur passionnée, il semble bien que le poète, dans l'exaspération lucide de sa lutte engagée contre tous les mensonges, ait voulu, face à face, condenser, incarner tout ce qu'il avait observé d'honnêteté délicate et fière ou de corruption insolente et cynique chez certains gentilshommes. Avec une supériorité croissante d'analyse et de recomposition, il n'en fait plus des caractères tout d'une pièce, ne nous révélant qu'une part d'eux-mêmes, la plus extérieure, la plus visible. Si par la hauteur simple de ses vertus, l'équitable noblesse de ses indignations, la sincérité poignante de ses souffrances morales, Alceste inspire à tous les esprits droits la sympathie et le respect, il ressemble assez au commun des hommes par ses faiblesses vis-à-vis de la femme aimée et par les brusqueries intempestives de sa loyauté maladroite, pour qu'il puisse être taxé de folie et d'inconvenance par les pruderies et mensonges du savoir-vivre mondain ; il reste donc suffisamment ridicule aux yeux de tous ceux qu'il humilie par sa supériorité morale pour leur fournir prétexte à le dauber.

Don Juan, non plus, n'est pas exclusivement odieux. Impossible de pousser plus loin l'égoïsme sensuel et la dépravation sentimentale. Aucun des devoirs communs ne compte pour lui. Nulle pitié pour les femmes qu'il déshonore, nul respect pour son père qu'il bafoue, nul souci des serments offerts ni des engagements pris. C'est avec la même désinvolture impertinente et fanfaronne qu'il mystifie ses créanciers et qu'il brave les foudres du ciel. L'athéisme léger et brutal du roué jouisseur exagère en lui toutes ses conséquences. Au fond, comme les héros byroniens, comme tant de sectaires déclamateurs, est-il bien sûr de son athéisme ? Ne serait-il pas fâché qu'il n'y eût nulle part une force inconnue contre laquelle il soit possible à son orgueil de se mesurer de pair à pair ? On le dirait vraiment à la joie chevaleresque qui éclate dans son invitation au convive de pierre, dans la satisfaction confiante avec laquelle il reçoit son signe de tête approbateur, l'accueille et le sert à sa table, et lui promet de lui rendre sa visite. On l'eût pensé déjà, dans la scène du pauvre, lorsque, à la fois touché par l'humble héroïsme de cet affamé qui préfère la mort au blasphème, il lui jette un louis d'or avec un accent de vraie pitié et ce mot d'Humanité qui semble, sur les lèvres ironiques de l'intelligent libertin, malgré lui trop ému, comme le désir et le pressentiment d'une conception plus large et plus haute des forces mystérieuses qui gouvernent la vie.

Ainsi que les libertins bretteurs de Versailles, ses modèles, ce grand seigneur pourri garde, en ses déportements, une séduction de manières, une crânerie généreuse et désintéressée de courage qui, par instants, nous trompent et nous attendrissent. Cette même vanité du point d'honneur, point d'honneur espagnol aiguisé par la finesse française, qui le rend incapable d'un remords et d'un repentir, devant la Mort et devant Dieu, comme de lâchetés honteuses pour un grand seigneur, lui ordonne d'exposer sa vie pour le premier venu que les malandrins attaquent dans un bois. Par la contradiction de ses actes et de ses pensées, par ses incohérences intermittentes d'impitoyables froideurs et de chaleureuses pitiés, celui-là reste encore bien un homme réel et vivant, comme il y en avait alors, comme il y en aura toujours.

Dans le personnel, masculin ou féminin, qui entoure Alceste et Don Juan, apparaissent aussi d'autres types, très variés, avec les qualités ou les défauts des gens de cour. Sans parler du doux Philinte, la contre-partie d'Alceste, politesse poussée jusqu'à la flatterie, indulgence voisine de l'indifférence, parfait galant homme, d'ailleurs, que de vérité encore dans Oronte, le poète-amateur, sa fausse modestie, sa suffisance irritable, dans la fatuité des deux marquis, Acaste et Clitandre! De même que Philinte est devenu le type idéal de l'égoïsme aimable, du savoir-vivre mondain, l'exquise et perfide Célimène sera l'idéal de la coquetterie professionnelle, le modèle des Dalilas de salon, insatiables et impitoyables, dont la froideur savante se plaît à endormir et livrer au désespoir, quelquefois à la mort, les Samsons, comme les Alcestes, trop naïfs et trop tendres. La prude Arsinoé vaut moins qu'elle encore, puisque sa bégueulerie n'est qu'un masque hypocrite à cacher tous les vices de l'intrigante dépravée, et les autres « chères madames » qui se pressent à ses réceptions nous inspireraient un dégoût général pour cette société distinguée, sans la présence de la modeste et spirituelle Eliante. Celle-ci répand, dans cette atmosphère empestée de jalousies et de médisances, un salutaire parfum de sincérité, de loyauté, d'intelligence qui suffit à nous rappeler, avec les belles colères d'Alceste, que parmi les fleurs malsaines, dans tous les mondes, peuvent croître et s'épanouir des fleurs assez fraîches pour enchanter les yeux et le cœur du philosophe le plus pessimiste. Après *le Misanthrope*, les marquises, courtisans et femmes nobles ne reparaîtront plus guère dans les dernières œuvres, qu'en des rôles moins apparents, quelquefois franchement grotesques ou cyniquement odieux. Mme de Sotenville et Mme d'Escarbagnas ne sont que des sottes ridicules, affolées de vanité nobiliaire, mais Angélique, née de Sotenville, et la marquise Dorimène qui enjôle M. Jourdain, comme son homonyme avait déjà épousé de force Sganarelle, ne sont plus que d'affreuses drôlesses, libertines et rapaces. Quant au beau comte Dorante c'est déjà presque un filou, avec l'étoffe d'un rufian.

Quoiqu'en dise J.-J. Weiss, un peu misogyne ce jour-là, dans ses fines et profondes causeries sur le poète, les douces et fières silhouttes de femmes dans le genre d'Élise et d'Éliante ne sont point rares chez Molière, dont la triomphante et débordante gaîté fait trop oublier la sensibilité délicate. Au contraire on les rencontre un peu partout, même dans les comédies bouffonnes, surtout dans les comédies-ballets où le goût de la sentimentalité romanesque que Molière n'avait jamais perdu et qui règne encore à la cour, trouve plus libre carrière. N'a-t-il pas, dans *Don Juan*, avec la touchante figure de l'Espagnole Dona Elvire, donné le portrait le plus complet de ces grandes dames passionnées et pieuses, d'une dignité si hautaine et si tendre dans les faiblesses de l'amour, les sacrifices du devoir, les retours vers la vertu? Il semble qu'en reprenant pour elle le nom de la noble amazone que Don Garcie tourmentait de sa jalousie, et la faisant torturer par les trahisons et les insultes de Don Juan, Molière ait songé à créer un type de patricienne tragique comme il avait créé dans Sganarelle celui d'un rustre comique. Dans les plaintes éloquentes de cet amour trahi, dans les objurgations désespérées de cette piété résignée, après le sacrifice accompli, retentit la voix des héroïnes cornéliennes, Camille et Pauline. C'est aussi celle des grandes pécheresses contemporaines, Mme de Longueville, Mlle de la Vallière, etc.

On néglige trop peut-être, à ce point de vue, l'étude de ces comédies-ballets qui tiennent une si grande place dans l'œuvre du poète (13 pièces sur 33).

Il n'est presque aucun de ces scénarios ingénieux, le plus souvent improvisés, intermèdes et mascarades, où le génie réaliste et comique de Molière ne se révèle, soit par de vraies comédies intercalées au milieu des pantomimes, soit par des personnages plus ou moins ridicules mêlés aux héros et héroïnes pseudo-antiques des pastorales amoureuses et légendes mythologiques. Dans les intermèdes joués et dansés, accompagnés de madrigaux et d'épigrammes, nous voyons revivre la cour toute entière de Versailles et de Saint-Germain, parmi un luxe unique de décors naturels ou artificiels, avec ses habillements et ses travestissements somptueux jusqu'à la folie, étranges jusqu'à l'extravagance, avec sa prodigalité de politesses affectées, de flatteries prodigieuses, assaisonnées d'ironies exquises et d'allusions perfides. Nous y admirons encore quelque chose de mieux; sous les costumes baroques d'une Grèce empanachée, c'est, comme chez Racine, une peinture, tantôt vraie, tantôt idéale, des sentiments les plus élevés qui animaient encore tant de belles âmes dans ce milieu choisi. C'est dans *la Princesse d'Élide*, *Mélicerte*, *les Amants magnifiques*, *Psyché*, qu'il a fait parler aux pères et aux mères affectueux et indulgents, aux amoureux jeunes et sincères, aux épouses chastes et aimantes, le langage le plus noble à la fois, et le plus délicat.

La société moyenne, le monde bourgeois, régulier ou irrégulier, est pourtant celui que Molière connaît le mieux. Il y a grandi, il y a vécu, il en a conservé les habitudes de sens pratique, de franche parole, de libre raillerie. Il a gravi lui-même tous les échelons de cette échelle sociale qui monte des bas-fonds populaires au zénith éblouissant de la cour du Roi-Soleil. Il a vu combien, suivant la hauteur des degrés, leur éloignement des bas-fonds, leur rapprochement du sommet, les groupes inégaux composant cette masse laborieuse et ascendante, présentent de diversités, combien les vices et les travers, communs à tous les hommes, s'y montrent sous des aspects variés. Aussi est-ce dans cette catégorie d'individus et de professions que les types traditionnels sont par lui rajeunis et modernisés avec l'intelligence la plus complète des changements de temps et de lieux, et que les caractères nouveaux, saisis sur le vif, pour la première fois, s'y offrent en plus grand nombre.

Il semble d'abord s'en tenir à ces types généraux, sortis des traditions antiques ou médiévales, qui avaient suffi à la Renaissance italienne et à la Renaissance française, et que les successeurs de Hardy avaient déjà parfois remaniés avec bonheur. Mais combien il apporte plus de franchise dans le rappel de ces fantoches surannés à la vraisemblance et à la réalité! Les plus grotesques se conforment vite aux exigences d'une société plus calme et plus polie. Le Miles Gloriosus, le Capitan bravache, le Matamore Tranche-montagne qui, depuis Plaute jusqu'à Corneille, avaient amusé tant de générations par leurs énormes fanfaronnades qu'applaudissaient hier encore les bretteurs et les aventuriers de la Fronde, se rabaissent aux vantardises prudentes du poltron Sganarelle. L'ancien Parasite, si lourdement servile et glouton, se donne des allures mondaines, en ajoutant à sa paresse et à son avidité la science de vices plus lucratifs : ce seront Monsieur Tartufe et le comte Dorante, des filous d'excellentes manières. Le Pédant, cet inévitable et encombrant personnage des comédies et farces, aussi bien en France qu'en Espagne, Italie, Angleterre, parce qu'en effet, depuis la Renaissance, il encombrait partout les écoles, les cours et les villes, les familles et les compagnies, ne disparaît pas aussi vite que ses acolytes, parce qu'il ne disparaît point, en effet, du monde où vit l'auteur. Mais, en se transformant, il se raffine, se spécialise, se multiplie. C'est sous les aspects les plus variés qu'il renaît avec sa suffisance et ses cupidités. Pour avoir jeté aux orties sa robe de magister, pour s'être lavé et décrassé, il n'en reste pas moins insupportable et ridicule. Voici donc le grammairien citateur, Métaphraste, l'inspecteur des Inscriptions publiques, Caritidès, le péripatéticien dogmatique, Pancrace, le pyrrhonien détraqué, Marphurius, le critique aigre et jaloux, Lysidas, les Docteurs solennels, Doyens de la Faculté, Médecins de la Cour, Tomès, Desfonandrès, Macroton, Bahys, Filerin, leurs stupides confrères Diafoirus père et fils, leur parodiste Sganarelle. Voici le poète courtisan Oronte, les gens de lettres professionnels, doucereux et vindicatifs, dans le salon des savantes parisiennes, comme le sot précepteur, M. Bobinet, dans le salon des amateurs provinciaux. Aux pédants intellectuels, littéraires et scientifiques, on peut ajouter quelques pédants juristes, comparses de second plan auxquels la brièveté de sa vie n'a pas permis sans doute au railleur d'adjoindre des chicaneaux d'un rang supérieur, l'huissier Loyal et le notaire Bonnefoy, suffisamment dignes de leur nom, et les avocats et procureurs, dansants et chantants, que consulte, sur son cas de polygamie, leur confrère Pourceaugnac.

Des érudits spécialistes, philosophes, médecins, jurisconsultes, ont, depuis longtemps, constaté la sûreté des informations avec laquelle Molière préparait et menait toutes ses attaques contre les faussetés et sottises qui compromettaient, alors comme aujourd'hui, l'autorité et le prestige des professions les plus respectables. Non seulement il n'a point exagéré les vices et travers qui étaient alors communs dans le corps médical et dans les coteries littéraires, mais, dans le langage qu'il prête à leurs représentants, il apporte une étonnante connaissance de leurs habitudes et de leurs procédés, de leur vocabulaire professionnel et technique. C'est avec le même scrupule qu'il recherche l'exactitude des formes et du langage dans le détail de ses fantaisies même les plus extravagantes. Un envoyé du Sultan à Paris, assistant à la cérémonie turque du *Bourgois gentilhomme*, « ne trouva que deux choses à redire, la première que le personnage du Muphti ne devait jamais sortir de la gravité qu'il avait affectée en entrant sur le théâtre, parce que les gambades et caracoles ne conviennent point à un Muphti, la deuxième, que la bastonnade que l'on donne à M. Jourdain ne se donnait pas de cette manière. Et il dit comme il faloit la lui donner ».

Un certain nombre des autres caractères communs à toutes les classes sociales dont Molière étudie l'action dans la famille avaient depuis longtemps paru sur les théâtres. Les pères tyranniques et avares, les jouvenceaux et les fillettes rebelles à leur autorité, les vieillards grognons et amoureux, les valets rusés et les femmes d'intrigue au service des passions juvéniles, avaient déjà fourni à l'Antiquité et à la Renaissance des types fort accentués, mais d'une uniformité banale et fatigante. En les corrigeant et amplifiant d'après nature, en les replaçant dans la réalité complète de leur milieu, Molière en fit d'abord des êtres nouveaux, mais il fit mieux encore, il en augmenta le nombre, et, en développant, avec une méthode, une logique, une ampleur, une sûreté jusqu'alors inconnues, l'action de leurs travers et de leurs vices sur la famille tout entière, il créa vraiment la grande comédie sociale et morale.

Que de types définitifs, au moins pour les traits principaux, avant Balzac, il a déjà fixés dans ses scènes de la vie privée à Paris et en province! D'abord, suivant leur fortune, suivant leur éducation et leur entourage, que de degrés entre ces bourgeois! Les uns, gens de métier, comme MM. Josse, Guillaume, Dimanche, à peine sortis de la plèbe, d'autres, mieux parvenus, à leur aise, mais encore mal dégrossis et décrottés, tels que le Sganarelle du *Cocu*, ceux mêmes de *l'École des Maris* et du *Mariage forcé*, puis quelques-uns vraiment cossus, gros marchands, rentiers, propriétaires, férus de gentilhommerie, se frottant à la noblesse, s'en faisant rouler et duper, Arnolphe, Georges Dandin, M. Jourdain; enfin, un peu plus haut, plus rapprochés ainsi du grand monde sans échapper encore, sauf rares exceptions, à son dédain ou son mépris, les médecins, gens de lettres, hommes de robe, que nous avons déjà rencontrés parmi les fils et petits-fils des antiques Pédants, et ces amusants comédiens et ces belles comédiennes auxquels gens de la cour et bourgeois doivent également leurs plus agréables distractions, qu'ils applaudissent et qu'ils flattent, mais sans beaucoup les estimer.

Toute cette roture, si diverse et si remuante, est plus naturelle et plus simple dans l'expression de ses sentiments, plus libre et plus franche dans l'exercice de ses qualités et de ses vertus comme dans les manifestations de ses vices et de ses travers, moins sensible au ridicule que les classes supérieures et, partant, s'y prête davantage. C'est le monde que Molière a connu le mieux. C'est celui dont il nous a donné la peinture la plus complète, opposant les figures sympathiques aux figures grotesques ou odieuses, l'esprit calme et sensé à l'esprit troublé et faussé, et mêlant parfois, dans le même individu, comme son expérience le lui enseigne, le bien et le mal, l'intelligence et la sottise, les manies visibles et les souffrances intérieures.

Don Juan personnifiait l'égoïsme aristocratique dans ses plus odieux excès, Arnolphe, Orgon, Tartufe, Georges Dandin, Pourceaugnac, Jourdain, Argan, seront les figures principales qui vont personnifier l'égoïsme des classes moyennes. Autour d'eux, autour de leurs vanités, petitesses, ambitions, prétentions, manies et folies, tyrannies ou lâchetés, s'agite une foule de comparses, victimes naïves ou révoltées, dupes ou exploiteurs, flatteurs ou censeurs de leurs actes et paroles qui, souvent, personnifient eux-mêmes d'autres formes de cet égoïsme. Les aventures et mésaventures auxquelles les exposent leurs infirmités intellectuelles ou morales, tourneraient, le plus souvent, malgré leur apparence risible, au drame larmoyant ou même à la tragédie sanglante, si la raison imperturbable du poète comique et son expérience aiguisée des conditions fatales de la vie n'y mettaient toujours bon ordre au moment critique. C'est à ces tournants de la sensibilité, où la raillerie joyeuse et indulgente va dégénérer en quelque ironie amère et désespérée, où l'indignation et la pitié du spectateur accepteraient sans surprise la conclusion d'un dénouement douloureux, que se révèle, avec le plus d'éclat ou finesse imprévus, l'inimitable puissance de son rire ou de son sourire. C'est le coup de vent léger, c'est le clair et vif rayon de soleil qui, subitement, dispersent la menace d'orage et nous laissent tranquillement achever la route, sans nouvelle inquiétude ni mauvais souvenir.

Avec quelle promptitude ingénieuse il écarte, de suite, l'idée noire, l'image lugubre, les mots sombres de mort, meurtre, maladie, dès qu'ils se présentent, même en plaisantant! Ah! les anciens spadassins ou galants de la tragi-comédie sont maintenant bien reçus avec leurs tirades emphatiques d'amoureux désespérés!

LÉLIE.

Je suis un chien, un traître, un bourreau détestable....
Va, cesse tes efforts pour un malencontreux
Qui ne saurait souffrir que l'on le rende heureux.

Après tant de malheurs, après mon imprudence
Le trépas me doit seul prêter son assistance.

MASCARILLE.

Voilà le vrai moyen d'achever son destin
Il ne lui manque plus que de mourir enfin
Pour le couronnement de toutes ses sottises.
(*Étourdi*, V, x).

ASCAGNE.

Si rien ne peut m'aider, il faut donc que je meure?

FROSINE.

Ah! pour cela, toujours il est d'assez bonne heure.
La mort est un remède à trouver quand on veut,
Et l'on s'en doit servir le plus tard que l'on peut.
(*Dépit*, IV, I).

A plus forte raison, lorsqu'il s'agit des gestes et des actions. Il faut, à tout prix, que rien ne soit fait d'irréparable, de lamentable, il faut que tout le monde, devant ces petites ou grandes misères humaines, reprenne, avec l'équilibre de ses pensées, l'indulgence ou l'oubli salutaires qui rendent le goût et le plaisir de vivre. Aussi, quand les vieillards dupés, les maris trompés, les amoureux trahis, les maniaques bernés, malgré leurs faiblesses, leurs erreurs, leurs ridicules, deviennent, à force de souffrance, sympathiques et touchants, avec quelle rapidité, souvent brusque et brutale, Molière les dérobe à nos tentations d'apitoiement! Tantôt c'est par quelque coup de théâtre, dénouement imprévu d'une intrigue invraisemblable, intervention d'une puissance extérieure, conclusion fatale d'une situation inextricable, qu'Arnolphe, Orgon, Georges Daudin, sont rejetés, meurtris et désolés, comme Alceste, dans les coulisses de la réalité. Tantôt, c'est dans la fantaisie bouffonne d'un ballet échevelé que Jourdain, Pourceaugnac, Argan, toujours mystifiés, s'étourdissent eux-mêmes sur les suites de leurs erreurs vaniteuses ou de leur sotte pusillanimité.

Au milieu de ces crises sentimentales ou familiales, le sentiment de la vie active, naturelle et confiante, est sans cesse entretenu par d'autres personnages sympathiques. Ce sont tantôt de jeunes amoureux et fiancés, si sincères dans leurs dépits et raccommodements, si honnêtes dans leurs désirs, si respectueux et généreux, presque toujours, même dans leurs querelles les plus vives avec leurs parents; tantôt, des conseillers prudents et modestes, hommes de sens rassis et de langage mesuré, que les liens du sang ou ceux de l'amitié retiennent auprès des détraqués et des affolés, vis-à-vis des drôles et des fripons, pour prêcher la tolérance et rétablir la paix.

Néanmoins, le rôle le plus effectif, pour la résistance aux idées fausses et la défense du sens commun, n'y est point confié à ces aimables parleurs, discrets et modérés, trop polis pour ne pas atténuer, dans les mots, le fond même de leurs sentiments. Pour lancer la saillie, vive et brève, qui s'enfonce rapidement, comme un dard, dans l'oreille et dans la raison, pour trouver la locution sonore et imagée, la formule tranchante et péremptoire, le proverbe décisif, jailli d'une expérience séculaire, qui tranche la question et clôt le débat, il y faut des esprits plus simples et des bouches plus libres. Parmi les bourgeois, ce seront les moins cultivés, les plus récemment sortis des fortes racines plébéiennes, ravivant chaque jour encore leur bon sens pratique au contact familier des bonnes gens, Gorgibus, Sganarelle, Mme Jourdain, Chrysale, qui parleront le plus franc. Ils ne le feront, d'ailleurs, qu'en des moments de colère, lorsque, devant trop d'inepties ou trop de scandales, la moutarde leur monte au nez, avec ces exagérations de langage qui, en pareil cas, dépassent naturellement la pensée, et qui les rendent tout d'abord ridicules ; mais comme ils font bien de se moquer du qu'en dira-t-on ! Plus nous rions d'eux, plus la verdeur vivace de leur raison droite s'implante avec force en notre mémoire, et, par conséquent, dans notre réflexion.

Et pourtant, ces honnêtes prud'hommes semblent encore trop réservés et modérés au censeur impitoyable qui veut cracher leurs vérités à la face des bourgeois aussi bien qu'à celle des gentilshommes. Le plus souvent, ses vrais porte-voix sont pris dans le peuple même, les moins cultivés selon les règles, les mieux instruits souvent par les épreuves de leur vie. D'abord les paysans, l'honnête Pierrot, jugeant si bien la frivolité du courtisan, se jetant bravement à l'eau pour sauver le plus misérable d'entre eux, qui l'en récompense de suite en lui soufflant son amoureuse, puis le madré Sganarelle, le fagotier ivrogne, qui, devenu médecin par force, parle, consulte, guérit aussi bien que les docteurs les plus huppés.

Plus importants sont encore, parce qu'ils sont plus initiés aux affaires de la famille dont ils deviennent les confidents et conseillers, les valets et les servantes. Sans doute, de longues traditions en avaient légué à Molière, comme à ses prédécesseurs immédiats, des types déjà variés et très modernisés par l'Italie et l'Espagne. Il n'oubliera jamais ni les spirituels Toscans, ni les rusés Napolitains qui servent si bien ou desservent leurs maîtres dans la Commedia dell'Arte. Sbrigani et Scapin resteront jusqu'au bout ses plus précieux agents d'intrigues. Il oubliera encore moins l'honnête écuyer Sancho Pança dont les sages proverbes eussent épargné au Chevalier de la Triste Figure tant d'avanies, s'il les avait écoutés, non plus que tous les graziosos, effrontés ou mielleux, forts en gueule ou gongorisant, qui gambadent, se déguisent, se jouent de tous et d'eux-mêmes à travers les imbroglios de Lope de Vega et qui ont déjà fourni à Scarron ses fameux Jodelets.

Combien vite pourtant cette valetaille, toujours maligne et ingénieuse, et même, parfois, bonne à pendre, change d'esprit et de cœur en prenant, avec des noms français, des caractères français! Est-ce à dire que chez nous, au XVIIe siècle, il n'y eut, parmi les gens de maison, des infidèles et des coquins? Assurément non, mais ce qu'on y trouvait aussi, et fréquemment, comme on le sait par documents, ce que Molière avait vu, en province, c'étaient des domestiques, dignes de ce nom, élevés et mourant dans la même maison, dévoués corps et âme à leurs maîtres, véritables membres de la famille, et, à ce titre, y gardant leur franc parler, surtout dans le Midi, avec une franchise parfois grossière, mais loyale et désintéressée, souvent utile et écoutée. Dès *le Dépit amoureux*, Gros-René, vis-à-vis de Mascarille, annonce la substitution de la bonhomie française, raisonnante et expansive, à la malignité napolitaine, subtilisante et dissimulée. Un peu gauches et naïfs, mal dégrossis assurément, parfois même assez butors et nigauds, lorsqu'ils arrivent de leur village (Madelon, Alain, Georgette, etc.), mais naturels dans leurs défauts comme dans leurs qualités. Peu à peu, ils s'assouplissent, en s'accoutumant au service, et lorsqu'ils deviennent, sans rien perdre de leur sincérité, avec leur perspicacité villageoise et leur langue bien affilée, les confidents des enfants, faisant excuser leur hardiesse par leur dévouement, nous ne pouvons que les remercier de leur intervention. En applaudissant Dorine, Nicole, Toinette, Sganarelle, nous applaudissons encore cette gaîté saine et vaillante, qui résiste à toutes les extravagances intellectuelles et à toutes les décompositions morales des milieux supérieurs, trop oisifs ou trop agités, trop égoïstes ou trop raffinés. C'était le gros et utile bon sens que Molière reconnaissait à sa fidèle servante La Forêt, lorsqu'il lui lisait ses pièces avant de les présenter à la ville et à la cour.

VII

PENSÉE ET MORALE

Que Molière, dans les habitudes de sa vie, ait été un penseur, au sens le plus large du mot, qu'il ait été, sur le théâtre, qu'il ait voulu être un moraliste, nul n'en saurait douter.

Adolescent, il laisse au collège le souvenir d'un esprit curieux et réfléchi. Jeune homme, il continue ses études philosophiques sous le plus libre esprit du temps, Gassendi. Son goût pour les recherches élevées, à travers les désordres et activités de son caractère passionné, persiste assez pour qu'il continue à suivre le mouvement des idées contemporaines. Ses plus étroites liaisons, jusqu'à sa mort, sont avec les fidèles Gassendistes, l'encyclopédiste La Mothe Levayer, le naturaliste-voyageur, médecin du Grand Mogol, Bernier, le physicien Rohault, le spirituel et sceptique viveur Chapelle. Mais, s'il garde son admiration pour Épicure, il s'en sépare, sur plus d'un point, dès qu'il connaît Descartes et qu'il a lu Pascal. « Il avait toujours soin de cultiver la Philosophie, dit Grimarest (c'est-à-dire Baron), Chapelle et lui ne se passaient rien sur cet article-là. Celui-là pour Gassendi, celui-ci pour Descartes. » L'anecdote amusante de leur violente discussion, à ce sujet, sur le bateau, se rapporte aux dernières années de sa vie . Cette inquiétude des vérités générales et supérieures nous est confirmée par le grand nombre de « Dictionnaires » et « Traités philosophiques » trouvés, à côté de la Bible, dans sa bibliothèque, après sa mort, des œuvres de La Mothe Levayer, de Montaigne, de Plutarque dont il avait deux exemplaires, l'un rue Richelieu, l'autre à sa villa d'Auteuil.

Comment un homme si cultivé, « d'humeur rêveuse » (c'est le reproche de Chapelle), le plus souvent grave, silencieux, mélancolique, au point d'être surnommé le Contemplateur, l'Atrabilaire, l'Hypocondre, et tirant du plus vulgaire incident, comme sur le bateau d'Auteuil, une conclusion de morale pratique, n'aurait-il pas mis dans tout ce qu'il composait quelque chose d'une réfléxion si constante? Tout ce qu'il dira, tout ce qu'il écrira, même en riant et pour faire rire, sera forcément un écho plus ou moins clair de sa pensée. Mais comme il est, avant tout, un poète créateur et un homme d'action, cette pensée, résultat d'une observation patiente, impartiale, générale des réalités complexes de la vie, ne se traduira pas, comme celle du philosophe professionnel, en des discussions abstraites, développements verbaux, formules tranchantes. On la sentira, on la reconnaîtra, on la suivra, tantôt dans l'éloquence, chaude et persuasive, de certaines tirades et maximes où éclate l'âme même, l'âme forte et généreuse du philosophe, tantôt dans l'impression dernière laissée au spectateur sincère par le choc joyeux ou attristant des personnages contradictoires chargés de représenter les diverses fluctuations, évolutions, constatations de cette pensée. Et la conclusion, comique ou tragique, sera toujours, comme sur le bateau d'Auteuil, comme dans les fables de son compère La Fontaine, une conclusion en vue de la vie actuelle, de la concorde et du progrès, une conclusion de morale pratique.

En cela, d'ailleurs, comme en tout, il est bien l'héritier de la tradition nationale. C'est un trait constant de l'esprit français, actif et positif, depuis le Moyen âge jusqu'à ce jour, qu'il a toujours difficilement compris l'œuvre d'art, littéraire ou plastique, sans destination utilitaire et sans application édifiante ou instructive. La Beauté, pour nous, ne peut jaillir que de la Vérité et ne saurait vivre que par la Vérité. De là, au Moyen âge, dans nos arts plastiques, où la matière impérieuse exige une reproduction vraisemblable des réalités visibles, cet admirable épanouissement d'un naturalisme créateur sous l'abri peu gênant des programmes dogmatiques. De là aussi, dans notre théâtre, où la parole s'adresse plus directement à l'esprit, une soumission plus complète à ce besoin instinctif du tempérament indigène. Sur les tréteaux de la foire comme sur ceux des Églises, dans les parodies, comme dans les mystères, ce seront toujours des allégories ou satires à prétentions instructives. Prêcheurs en chaire ou plaideurs au Palais, les théologiens et basochiens qui, jusqu'au XVIe siècle, furent presque les seuls auteurs de nos Moralités ou Soties, leur imposèrent naturellement le formalisme autoritaire de leur enseignement orthodoxe ou juridique. Les Humanistes de la Pléïade et leurs successeurs conservent, en l'aggravant parfois, par le pédantisme classique, ce goût pour les lieux communs oratoires et les sentences proverbiales. Les poètes même du XVIe siècle ne manquent guère de signaler, par des guillemets, les tirades, distiques ou vers final, résumant une réflexion judicieuse qu'il serait utile de retenir. Le même usage se conserve chez beaucoup des prédécesseurs immédiats de Molière. En mêlant, dès ses débuts, dans les imbroglios entortillés et joyeux de *l'Étourdi* et du *Dépit*, quelques observations sérieuses et quelques sages avis d'une expérience déjà mûre, il ne faisait donc que se conformer à des coutumes invétérées en obéissant lui-même à ses habitudes intellectuelles. La gloire lui reste d'avoir su et pu le faire sans manquer à la loi la plus impérieuse de l'art théâtral qui est d'amuser d'abord et d'intéresser, avant d'instruire et d'éclairer.

On ne saurait, cela va sans dire, supposer au poète comique un ensemble d'idées coordonnées sur toutes les questions sociales et morales, qu'il peut rencontrer en chemin. On ne peut lui demander ce qu'on ne saurait attendre des doctrinaires même les plus présomptueux. Il eût bien ri, sans doute, s'il avait pu prévoir qu'on voudrait, quelque jour, l'enrégimenter dans l'une ou l'autre des sectes philosophiques dont il raillait les subtilités impuissantes. En fait, alors qu'il se rattache, naïvement, instinctivement, à la tradition du Moyen âge dite gauloise, par la franchise de sa gaieté et la verdeur de son langage, il reste, plus encore, l'héritier de la Renaissance et de l'Humanisme par un désir de retrouver, sous un amoncellement séculaire de préjugés factices et de superstitions puériles, les lois primordiales inscrites par la nature dans la conscience humaine, par sa croyance inébranlable au droit de libre examen et de libre critique vis-à-vis de toutes choses et de toutes gens et par sa confiance dans la raison pour décider du bien ou du mal, du juste ou de l'injuste.

De cette foi dans quelques principes moraux, déposés, chez tous les hommes, par la Nature, faut-il conclure, comme l'a fait, semble-t-il, Brunetière, que la pensée de Molière ne s'élevait pas au-dessus d'un grossier sensualisme ou d'un scepticisme indifférent? Pour preuves, il en donne deux passages de Rabelais et de Montaigne, deux de ses conseillers favoris, en effet, qui lui semblent les axiomes directeurs de sa pensée. L'un est l'inscription du portail de l'abbaye de Thélème : « Fay ce que voudras », avec la célèbre allégorie de Physis (la Nature), l'autre est cette ligne des *Essais* : « Nous ne sçaurions faillir à suivre nature; le souverain précepte, c'est de se conformer à elle ». Mais il oublie que Rabelais et Montaigne, pas plus que leur élève, n'avaient de prétention au dogmatisme, et qu'on ne saurait tirer, d'une phrase détachée, leur pensée entière. L'un est un polémiste trop militant, un progressiste trop décidé, pour ne pas croire à la puissance de la raison, dans l'homme lui-même, pour sa réforme intérieure. Il ne cesse de le faire entendre, et s'il accorde aux ermites voluptueux de Thélème de se conduire à leur guise, c'est qu'ils ont été d'abord choisis parmi « gens libres, bien nés, bien instruits, connaisseurs en compagnie honnête, ayant, par nature, instinct et aiguillon qui toujours les pousse à être fort vertueux et retire du vice ». Voilà une nature singulièrement corrigée, améliorée, perfectionnée par l'éducation et l'instruction. Quant à Montaigne, ce modèle du penseur « ondoyant et divers », il n'en est point à compter les contradictions sincères et charmantes que lui inspirent les contradictions des événements, de ses lectures, de ses semblables. Il a d'aussi fréquents enthousiasmes pour la Vertu que pour la Nature. Il voit même en elle l'alliée nécessaire et directrice de la Nature : « La Vertu est chose aultre et plus noble que les inclinations à la bonté qui naissent en nous... La Vertu sonne je ne sais quoy de plus grand et de plus actif que de se laisser, par une heureuse complexion, doucement et paisiblement conduire à la suite de la raison. » Ne croit-on pas, déjà, entendre les chauds accents de l'austère fierté d'Alceste vis-à-vis de la molle et prudente politesse de Philinte ?

Oui, Rabelais et Montaigne sont bien les ancêtres de Molière, mais leur philosophie à tous n'est qu'une philosophie vivante et mobile, celle que leur donne une expérience perspicace, impartiale et virile, émue et ressentie, indulgente et compatissante, de la vie et des hommes. Ils ne s'acharnent point, d'ailleurs, à chercher l'explication des contradictions de toute sorte entre les idées et les faits, les principes et les actions, le bien et le mal qu'ils sont obligés d'y constater à chaque instant. Ils paraissent, le plus souvent, se contenter d'en rire ou d'un sourire. Mais néanmoins, chez eux, l'instinct de solidarité humaine et le besoin de secourir ses semblables dans les communes misères, est plus fort que leur dédain, leur dilettantisme et leur raillerie. C'est alors qu'éclate, violemment ou discrètement, leur amour pour la Nature et leur passion pour la Vérité, mais avec une libre simplicité et des prudences d'affirmation qui ne font encore prévoir ni les sophismes orgueilleux de Jean-Jacques, ni le cynisme matérialiste de quelques encyclopédistes.

Dès ses premières œuvres, Molière affirme à la fois, avec sa résolution de donner aux caractères humains la prédominance sur l'intérêt romanesque, une tendance à intercaler, dans le dialogue comique ou sentimental, des observations morales d'une portée générale. Bientôt, cela deviendra une habitude et, dans les grandes comédies, les actes se joindront aux paroles, pour faire sortir de l'ensemble, par les rapprochements ou les antagonismes des caractères, sinon par le dénouement final, une forte impression de sympathie pour les personnages sensés et honnêtes, fussent-ils, d'ailleurs, justiciables de la satire par d'autres côtés, et de pitié, mépris, répulsion, dégoût pour les imbéciles vaniteux et poltrons, les intrigants, fourbes et vicieux. Sa volonté, à ce sujet, fut si bien connue dans son entourage, que, d'après Lagrange, il aurait, volontairement, anéanti quelques ouvrages de jeunesse, trop gaulois, sans doute, « lorsqu'il se fut proposé pour but dans toutes ses pièces d'obliger les hommes à se corriger de leurs défauts ». Lagrange ajoute : « On peut dire que jamais homme n'a su mieux que lui remplir le précepte qui veut que la comédie instruise en divertissant ». Chez lui, le premier, le plus grand souci, est donc bien toujours celui de la vérité dans la représentation vivante d'êtres vivants, mais il faut toujours aussi que cette vérité soit « plaisante et morale », suivant l'expression de M. Gustave Lanson.

C'est aussi la conclusion de Brunetière, dont l'impression devant l'œuvre de Molière est bien celle qu'éprouvent, depuis plus de deux cents ans, tous ses auditeurs ou lecteurs : « Molière me fait songer, et puisqu'il me fait songer, je veux savoir à quoi. » A quoi ? Le franc et sagace critique nous l'a dit avec plus d'autorité, mais nous le savions depuis longtemps. Impossible, n'est-ce pas ? de ne pas se demander, au sortir de telle ou telle représentation, ce qu'il pense de l'amour et du mariage, de l'autorité paternelle et de l'autorité maritale, des devoirs et des droits des enfants, de l'éducation et de l'instruction des femmes, des distinctions sociales et des usages mondains, des vices nobiliaires et des travers bourgeois, de la littérature et du pédantisme, de l'art théâtral et de ses interprètes, de la science et du charlatanisme, de la religion et de l'hypocrisie ? Et, sur tous ces points, nous avons ses réponses, qu'il nous fait donner, tantôt plaisamment, tantôt sérieusement, soit par échange, entre ses interprètes, de plaisanteries ou éloquences contradictoires, soit, plus efficacement encore, par les conclusions que nous sommes obligés, si nous sommes sincères, de tirer du spectacle même des caractères et des passions en jeu, comme nous en tirons, journellement, des événements auxquels nous assistons ou qui nous sont racontés.

« Les passions sont toutes bonnes de leur nature et nous n'avons à éviter que leur mauvais usage et leur excès », dit Descartes. C'est la pensée contemporaine, formulée par le maître philosophe, que Molière exprime à sa manière lorsque, respectueux de tous les instincts et sentiments que la Nature a donnés à l'homme, il n'en ridiculise que les mauvais usages, les déviations et corruptions. Il reste aussi l'allié des penseurs de son temps lorsqu'échappant, ainsi qu'eux, à la tyrannie des préjugés et des traditions, il s'en rapporte, comme Gassendi, à l'observation de la réalité pour chercher les raisons des choses, et, comme Pascal, croit que « si l'esprit a son ordre, le cœur en a un autre ». Et, sur le théâtre, il continue, pour le monde profane, l'œuvre des *Provinciales*, en poursuivant de sa raillerie saine et sensée, la fausseté, le mensonge, l'égoïsme, la vanité, sous toutes leurs formes, en rappelant les grands et les petits à la modération et à la simplicité.

Il ne faudrait pas, sans doute, voir dans Molière un homme plus vertueux qu'il n'était, qu'il ne pouvait et voulait être. Les libres mœurs de la bohème ambulante où s'était embrigadée sa jeunesse, les mœurs galantes de la jeune cour, assoiffée de plaisirs et de fêtes, dont il dut toujours amuser l'oisiveté, les traditions gauloises de la bourgeoisie et du peuple parisien, dont il aimait les applaudissements, l'excitèrent toujours bien plus à suivre les impulsions natives de son tempérament sensuel qu'à donner, même en paroles, des exemples de réserve et d'édification. Il voudra toujours, avant tout, plaire et faire rire, se divertir lui-même en divertissant les autres. La vraie merveille, c'est qu'en riant sans cesse et riant de tout, n'épargnant, en apparence, avec une liberté complète de langage, rien de ce qui semblait intangible dans l'ordre social, familial, religieux, lorsqu'il y voyait des erreurs ou des vices, il ait conservé une si robuste santé de l'esprit et du cœur, que la sûreté de son jugement sur les hommes et sur les choses jaillit comme une irrésistible clarté, de ses bouffonneries les plus extravagantes.

S'il est un point sur lequel on pourrait s'attendre à lui trouver quelque trouble et incertitude dans les idées, c'est assurément sur la question des femmes, de l'amour, du mariage. Il en avait assez souffert pour la bien connaître. Nul des vieux conteurs n'avait raillé si gaîment le cocuage réel ou imaginaire, en herbe ou en gerbe, qu'il ne fit dans *Sganarelle*, *le Mariage forcé*, *Georges Dandin*. Mais, dans le premier cas, l'épouse n'est pour rien dans les visions cornues de la jalousie maritale, dans les deux autres, la fiancée et la femme ne sont que d'impudentes coquines dont le cynisme dégoûte à première vue, et, dans tous les trois, les maris sont de justes victimes de leurs lubies d'imbécile, de leur fatuité de barbon dupé, ou de leur sotte mésalliance. La morale s'en tire d'elle-même, pour le public le moins cultivé, sans effort.

Il ne se fait point faute, non plus, surtout dans les intermèdes des folies et caprices-ballets, destinés à l'encouragement des fleuretages princiers, de chanter, en vers et en prose, les délices et les entraînements, la liberté et la souveraineté de l'amour en général, de ressasser, avec ou sans Quinault,

> ...... ces lieux communs de morale lubrique
> Que Lulli réchauffa des sons de sa musique.

mais, lorsqu'il en vient au faire et au prendre, en des représentations de la vie réelle, il n'accepte et n'encourage l'amour qu'en des conditions de jeunesse, de sincérité, de tendresse, de désintéressement, d'honnêteté, de raison, hors lesquelles il le raille impitoyablement. A-t-il assez de traits amers pour toutes les femmes trop mûres qui croient appâter les amants, Bélise et la d'Escarbagnas, pour toutes les coquettes, élégantes ou prudes, qui se jouent des honnêtes gens, Célimène et Arsinoé, pour les pédantes et les précieuses, qui se guindent au-dessus des lois naturelles pour y mieux retomber par des chutes honteuses ou grotesques, pour les mégères rapaces, comme Béline, ou les intrigantes rusées comme la marquise Dorimène! Chez lui, nulle complaisance pour les simagrées sentimentales, les concupiscences surannées, l'adultère passionnel, rien qui rappelle les indulgences alambiquées des tragi-comédies romanesques, rien qui annonce ou prépare les rêveuses incomprises de la littérature romantique, les neurasthéniques affolées et les divorceuses professionnelles de notre théâtre contemporain.

Ce n'est pas seulement pour en finir, pour satisfaire à une vieille convention, que ses amoureux et ses amoureuses se marient au cinquième acte. C'est parce que, depuis leur première rencontre, ils l'ont ardemment et sincèrement désiré. Jeunes et tendres, francs et ouverts, ils ne se cachent point leurs sentiments, ils ont grand peine à les cacher aux autres. Souvent même, ces jouvenceaux, naïfs et pétulants, étourdis, imprudents, ils confient leurs secrets à qui ne les devrait point entendre! Ils s'adressent, dans leurs impatiences, aux premiers alliés venus pour s'insurger contre la résistance, juste ou injuste, de leur famille, et d'abord, à leurs valets ou servantes, parfois d'assez mauvais drôles ou drôlesses. Les manœuvres auxquelles ces fils et filles, dans leurs folies d'amour, prêtent la main pour obtenir, par ruse ou par force, le consentement des parents, ne sont pas toujours recommandables, tant s'en faut! Et pourtant, on leur pardonne à presque tous, tant ils sont vraiment tendres et honnêtes, francs et délicats, vis-à-vis de celles qu'ils ont choisies, et qui elles-mêmes, malgré leurs faiblesses de conscience au sujet des moyens employés, restent pourtant assez soumises et résignées à leurs devoirs de filles, pour préférer le couvent et le désespoir au scandale d'un enlèvement.

Sur cette question du mariage, la pensée de Molière est bien nette et ne varie pas. Ce doit être l'union de corps et d'âme entre des jeunes gens qui se sont librement choisis par sympathie d'abord, et par raison ensuite. Tout lien qui se noue en dehors de ces conditions, par des entraînements irréfléchis ou par des motifs d'intérêt et d'égoïsme, avec de trop grandes différences d'âge, d'humeur, d'éducation, de situation, devient une chaîne pesante, une cause fatale de douleurs tragiques ou de tracas comiques pour les forçats accouplés, et de désordre, par eux et autour d'eux, dans la famille et la société. D'ailleurs, nulle idée qu'il puisse y avoir, hors du mariage, un bonheur durable, nulle prétention de soustraire même des époux mal assortis par leur faute à l'accomplissement de leurs devoirs et au sentiment de leurs responsabilités.

Dans cette lugubre farce de *Georges Dandin*, si la fille effrontée des Sotenville prétend s'émanciper, elle en doit invoquer pour raison la contrainte qu'ont employée ses parents pour la forcer à sa mésalliance :

GEORGES DANDIN.

C'est ainsi que vous satisfaites aux engagements de la foi que vous m'avez publiquement donnée ?

ANGÉLIQUE.

Moi ? Je ne vous l'ai pas donnée de bon cœur et vous me l'avez arrachée. M'avez-vous, avant le mariage, demandé mon consentement, et si je voulais bien de vous ? Vous n'avez pour cela consulté que mon père et ma mère ; ce sont eux, proprement, qui vous ont épousé....

Quant au pauvre mari, bafoué, humilié, dès le commencement de la crise, il ne perd jamais conscience de ses fautes, et n'accuse, avec raison, dans sa détresse, que lui-même :

GEORGES DANDIN, seul.

Hé bien! Georges Dandin, vous voyez de quel air votre femme vous traite? Voilà ce que c'est que d'avoir voulu épouser une demoiselle! L'on vous accommode de toutes pièces, sans que vous puissiez vous venger, et la gentilhommerie vous tient les bras liés. L'égalité des conditions laisse du moins à l'honneur d'un mari la liberté de ressentiment, et, si c'était une paysanne, vous auriez maintenant toutes vos coudées franches à vous faire justice à bons coups de bâton. Mais vous avez voulu, vous, tâter de la noblesse, et il vous ennuyait d'être maître chez vous. Ah! j'enrage de tout mon cœur, et je me donnerais volontiers des soufflets!

Puis quand, à bout de hontes, ayant dû, à genoux, faire amende honorable pour des vilenies qu'il n'a pas commises, il abandonne la partie, désespéré :

Ah! je la quitte maintenant, et je n'y vois plus de remède. Lorsqu'on a, comme moi, épousé une méchante femme, le meilleur parti que l'on puisse prendre, c'est de s'aller jeter à l'eau, la tête la première.

Ne semble-t-il pas qu'on entende un cri d'angoisse poussé peut-être plus d'une fois, dans l'intimité, par le mari d'Armande Béjart?

Lui aussi avait rêvé plus de bonheur, et il a pris soin de nous dire bien des fois comment il concevait le mariage « ce lien honnête et doux » et les devoirs de mutuelle tendresse, de confiance, d'indulgence des époux, de nous montrer aussi la femme qu'il rêvait ou qu'il avait rêvée dans Elmire, Eliante, Henriette. Cette dernière surtout semble résumer les qualités affectives, morales, intellectuelles, qu'il tient comme nécessaires à la compagne de l'honnête homme, mère de famille et maîtresse de maison, dans une société choisie. Ni fausse prudence, ni vanité pédantesque. Un cœur délicat, un esprit alerte, une droiture franche, une volonté douce et ferme. Avec quelle ironie de bon sens elle répond à sa bégueule de sœur, Armande, qui ne peut entendre même prononcer le mot de mariage!

Ne concevez-vous point ce que, dès qu'on l'entend,
Un tel mot à l'esprit offre de dégoûtant?

HENRIETTE.

Les suites de ce mot, quand je les envisage,
Me font voir un mari, des enfants, un ménage,
Et je ne vois rien là, si j'en puis raisonner,
Qui blesse la pensée et fasse frissonner.

ARMANDE.

De tels attachements, ô ciel, sont pour vous plaire!

HENRIETTE.

Et qu'est-ce qu'à mon âge on a de mieux à faire
Que d'attacher à soi par le titre d'époux,
Un homme qui vous aime et soit aimé de vous,
Et de cette union de tendresse suivie
Se faire les douceurs d'une innocente vie?

La santé intellectuelle n'est pas moins chère à Molière que la santé morale. Aussi en fait-il don à Henriette, comme à son futur époux, Clitandre. C'est dans cette même pièce des *Femmes savantes* qu'il dit son dernier mot comme « pédagogue et critique littéraire », suivant l'expression de M. Faguet dans une des plus libres et fines études de ses *Propos de Théâtre*. Treize ans auparavant, dans *les Précieuses*, devant les survivants et survivantes de l'Hôtel de Rambouillet, il avait commencé ses attaques contre le pédantisme et le maniérisme à la mode. Depuis ce temps, et sous le coup du ridicule qui les avait démodées, les Précieuses, sans délaisser tout à fait le petit jeu des consultations littéraires, s'étaient enhardies à des visées plus hautes. Elles étaient devenues philosophes, mathématiciennes, physiciennes, astronomes. Leur vanité s'en était accrue, et leur pédantisme exalté. En montrant les ravages que ces vanités intellectuelles pouvaient faire chez d'honnêtes femmes, à tous les âges, quels désastres en pouvaient résulter dans la famille entière, Molière continuait son œuvre salubre. Vis-à-vis de la mère, Philaminte, qui oublie, pour des spéculations scientifiques, ses enfants, son mari, sa maison, de la tante Bélise, dont la mâturité acariâtre ronge avec dépit le frein d'une virginité d'apparat, et la sœur Armande, dont le paroxisme cérébral a déjà desséché le cœur, il était bon de faire entendre la voix du sens commun, et de la faire entendre sur tous les tons. Ce qui, sur les lèvres d'Henriette, s'exprime en ironies charmantes et réflexions modestes, éclate en récriminations violentes et brutales dans la bouche de Chrysale exaspéré, et jaillit, en saillies drôlatiques, de celle de Martine sacrifiée. Mais c'est, du haut en bas, même sentiment juste de la situation.

Est-ce à dire que Molière soit un Arnolphe qui prétendrait interdire aux femmes la culture de l'esprit ? Le pourrait-on croire un seul instant? Arnolphe a si bien réussi en voulant faire une idiote de la maligne Agnès! C'est Clitandre, cette fois, qui répond au nom des contemporains :

Mon cœur n'a jamais pu, tant il est né sincère,
Même dans votre sœur flatter leur caractère,
Et les femmes Docteurs ne sont point de mon goût.

Je consens qu'une femme ait des clartés de tout,
Mais je ne lui veux point la passion choquante
De se rendre savante afin d'être savante,
Et j'aime que souvent, aux questions qu'on fait,
Elle sache ignorer les choses qu'elle sait.
De son étude enfin je veux qu'elle se cache,
Et qu'elle ait du savoir sans vouloir qu'on le sache,
Sans citer les auteurs, sans dire de grands mots
Et clouer de l'esprit à ses moindres propos.

C'est ce que pensait déjà de son temps Montaigne quand il rencontrait des dames alléguant Platon et Saint Augustin et qu'il se murmurait *in petto* les vers inconvenants de Juvenal : *Concumbunt docte*, etc...

La doctrine qu'on ne leur a pas mise en l'âme leur est demeurée en la langue. Si les bien nées nous croient, elles se contenteront de faire valoir leurs propres et naturelles richesses... C'est qu'elles ne se connaissent point assez, le monde n'a rien de plus beau ; c'est à elles d'honorer les arts... Que leur faut-il pour vivre aimées et honorées? Elles n'ont et n'en savent que trop pour cela; il ne faut qu'éveiller un peu et réchauffer les facultés qui sont en elles... Si toutefois il leur fasche de nous céder en quoi que ce soit, et veulent par curiosité avoir part aux livres, la poésie est un amusement propre à leur besoing... Elles tireront aussi diverses commodités de l'histoire. En la philosophie, de la part qui a trait à la vie, elles prendront les discours qui les dressent à juger de nos humeurs et conditions, à se défendre de nos trahisons, à régler la témérité de leurs propres désirs, à ménager leur liberté, allonger le plaisir de la vie et à porter humainement l'inconstance d'un serviteur, la rudesse d'un mary et l'importunité des ans et des rides, et choses semblables... Quand je vois les femmes attachées à la rhétorique, à la judiciaire, à la logique, et semblables drogueries si variées et inutiles à leur besoing, j'entre en crainte que les hommes qui le leur conseillent le facent pour avoir loy de les régenter sous ce tiltre.

Ne dirait-on pas déjà la défiance de Clitandre vis-à-vis des Trissotins et des Vadius?

L'expérience de la vie, chez Molière comme chez Montaigne, a fortifié leurs mépris instinctifs d'esprits sincères pour la manie littéraire et la demi-culture scientifique, pour la suffisance vaniteuse des gens de lettres et le charlatanisme intéressé des médecins. C'est dans ses deux dernières pièces, *les Femmes savantes*, suite et complément des *Précieuses*, des *Fâcheux*, de *la Critique*, du *Mariage forcé*, du *Misanthrope*, et dans *le Malade imaginaire*, suite et complément de *l'Amour médecin*, du *Médecin malgré lui*, de *M. de Pourceaugnac*, qu'il leur porte les coups les plus cruels. Trissotin et Vadius resteront les types du cuistre arriviste et du cuistre gaffeur, comme Diafoirus et son fils Thomas ceux de la routine solennelle et de la sottise présomptueuse en des ânes savants. Molière était, sans doute, alors exaspéré par les jappements des pamphlétaires acharnés à ses trousses, et par les tortures du mal qui le rongeait, et ses ressentiments d'auteur calomnié et de malade incurable l'emportèrent à des excès d'amertume et de violence. Dans ses attaques visiblement personnelles contre l'abbé Cotin et Ménage, dans ses négations absolues de la science médicale, il dépasse, avec la mesure, le fond même de sa vraie pensée. Mais après tout, nous le savons, il les présentait tels qu'il les connaissait, ni plus grossiers, ni plus orgueilleux! Que raillait-il, chez les uns et chez les autres? la fausse science, l'érudition livresque, la soumission aveugle aux formules scolaires, chez les lettrés l'engouement de l'effet verbal au lieu de l'expression et traduction sincère des sentiments naturels, chez les médecins une confiance paresseuse et périlleuse en des axiomes immuables, au lieu d'une étude attentive et libre des réalités. C'est toujours le même esprit de retour à la nature et à l'expérience transmis par les maîtres, Rabelais, Montaigne, Gassendi.

Les pensées qui résultent pour lui de ses observations personnelles sur l'état de la famille, des relations sociales et des idées religieuses de son temps, se résument sous leur forme la plus vivante dans quatre chefs-d'œuvre, *l'Avare, le Misanthrope, Tartuffe, Don Juan*. Dans *l'Avare* et dans *Tartuffe*, en des milieux de riche bourgeoisie, confinant, comme celui des *Femmes savantes*, par ses belles relations, à la noblesse officielle, c'est le vice d'un seul personnage, qui, réagissant sur tous les membres de la famille, y corrompt chez les uns leurs vertus naturelles et le sentiment des plus simples devoirs, et détermine, chez les autres, des résistances et des révoltes. Les conséquence en éclatent dans une de ces crises douloureuses que l'auteur comique peut terminer, à son aise, par un dénouement imprévu, mais qui, dans la vie commune, ne trouvent guère de si promptes solutions.

Ces deux pièces sont de celles qui ont attiré à Molière les plus durs reproches d'immoralité. Quelques rigoristes respectables, mais hostiles ou étrangers à l'art théâtral, ont jugé, de loin, dans leur cabinet, le texte de ces comédies comme on juge un texte de sermon ou de dissertation, sans comprendre la valeur si différente que donnent aux paroles le jeu de l'action scénique, le geste et la physionomie des personnages, l'impression sympathique ou répulsive qui s'en dégage. J.-J. Rousseau, plus calviniste qu'il ne pense, et dont le sentimentalisme sophistique, si indulgent pour les dépravations réelles, n'a jamais pu comprendre ni l'ironique jovialité gauloise, ni l'esprit et l'enjouement français, considère *l'Avare* comme « une école de mauvaises mœurs ». Cléante, en effet, semble un fils fort indélicat, puisqu'il finit par voler son père et lui répondre avec la plus irrespectueuse insolence. Jean-Jacques ne peut le lui pardonner. Il ne voit donc pas que cet oubli de ses devoirs, que ce désordre de paroles et de conduite, chez le fils, sont les conséquences mêmes de la situation scandaleuse et inextricable dans laquelle l'ont acculé tous les vices de son père, toutes les pratiques honteuses de ce vieillard lubrique, avide, hypocrite, menteur, son rival et son usurier. Il prend au sérieux, dans leur échange orageux de reproches mérités, le mot de la fin, cette plaisanterie énorme et inattendue par laquelle Molière, suivant sa coutume invariable, arrête à temps l'émotion du spectateur, avant qu'elle tourne au tragique, pour lui rappeler qu'il vaut mieux rire. Lorsque Harpagon, à bout de récriminations, d'insultes et de menaces, après avoir déclaré à son fils qu'il lui défend sa maison, qu'il l'abandonne, qu'il le déshérite, ajoute enfin : « Et je te donne ma malédiction », qu'est-ce que la brusque riposte de Cléante : « Je n'ai que faire de vos dons? » Sans nul doute, une de ces exagérations ironiques de langage qui échappent à un homme exaspéré, et qui, par l'excès même de leur drôlerie, ramènent leur entourage et parfois eux-mêmes, à plus de calme et de bon sens. Mais Jean-Jacques, qui prenait au tragique et comme des préceptes les constatations malicieuses de La Fontaine sur les injustices de la vie, ne pouvait comprendre la morale expérimentale du satirique, non plus que celle du fabuliste. C'est toujours le nigaud de loup qui, entendant la mère « tencher son fieu qui crie », croit qu'il n'a qu'à se présenter pour qu'on lui jette l'enfant sous la dent.

Il y a longtemps que Saint-Marc-Girardin a justement défendu Molière d'avoir voulu ébranler, dans son principe, l'autorité paternelle dont il accuse seulement les excès d'arbitraire égoïste, malheureusement trop favorisés encore, au XVIIe siècle, par l'omnipotence légale du père de famille et la persistance du vieux droit romain. « Les frères, les maris, les vieillards que Molière raille gaîment, ne sont pas ridicules par leur caractère de père, de mari et de vieillard, mais par les vices et les passions qui déshonorent en eux ce caractère. » Et il conclut avec justesse : « Image de la vie humaine, le théâtre est moral comme l'expérience... La Comédie, en faisant punir les vices les uns par les autres, représente la justice du monde telle qu'elle est. »

C'est à ce point de vue, encore et surtout, qu'il faut se placer pour juger les œuvres capitales sorties, coup sur coup, durant sa période la plus combative, des indignations croissantes du poète insulté, *le Tartuffe*, *Don Juan*, *le Misanthrope* (1664-1669). Là sont incarnés, en des personnages très complexes, comme tous les produits d'une civilisation avancée, à la fois très individuels et très généraux, les vices les plus odieux qu'il voyait sévir autour de lui et quelques-unes des vertus qu'il y avait pu rencontrer. Dans *Tartuffe*, c'est l'Église mise en jeu dans un centre de bourgeoisie opulente, déjà très aristocratique, dans *Don Juan*, la grande noblesse mêlée aux gens de métiers et au bas peuple des campagnes, dans le *Misanthrope*, la noblesse de cour, la noblesse éclairée, dans un salon de Paris ou de Versailles. Partout les questions sociales, morales et religieuses se trouvent soulevées par les éloquences ou les railleries du dialogue comique ou sérieux. Que l'auteur ait eu, oui ou non, l'intention de déchaîner des tempêtes, ou que la seule profondeur de son observation, exprimée en des images si vives, ait donné à sa satire une portée inattendue, le fait est que depuis trois siècles, comme à leur apparition, on discute sur le caractère même des trois figures colossales et désormais légendaires, autour desquelles se meuvent les trois actions, Tartufe, Don Juan, Alceste. Malgré ce qui peut rester d'énigmatique dans la complication psychologique de ces protagonistes, malgré cette mixture incessante du drolatique et du sérieux, des rires et des colères, de l'ironie et de l'affirmation, nécessité primordiale de la comédie et, dans le cas présent, passeport indispensable aux hardiesses satiriques, il est facile, néanmoins, d'en dégager, sur tant de points importants, la vraie pensée de Molière à ce moment.

Dans *Tartuffe* et *Don Juan*, a-t-il voulu seulement démasquer l'hypocrisie religieuse, telle qu'elle se pratiquait autour de lui? A-t-il voulu, en plus, sous le prétexte de fausse dévotion, attaquer la religion elle-même? Malgré ses protestations publiques dans ses préfaces, dont on suspecte la sincérité, malgré l'assentiment d'innombrables contemporains, chrétiens indubitables et même écrivains ecclésiastiques, aussi virulents que lui dans leurs peintures et dénonciations de l'hypocrisie contemporaine, nombre d'excellents esprits le soutiennent encore. En ridiculisant l'abêtissement d'Orgon, un homme intelligent, honnête, qui a bien servi son pays, mais à qui la pensée de l'Enfer, sous la domination de Tartufe, enlève tout sentiment de ses devoirs paternels, Molière a-t-il voulu condamner toutes les pratiques pieuses, et la religion elle-même? En donnant à l'athéisme fanfaron de *Don Juan* une âpreté militante d'ironie satirique, a-t-il révélé la profondeur de ses incrédulités, a-t-il affirmé son propre athéisme?

C'est aller bien loin, ce semble, sur la route des hypothèses. Molière, assurément, n'avait ni la foi crédule et aveugle du charbonnier, ni la foi conventionnelle, légère ou superstitieuse des mondains. Ses habitudes studieuses, ses prédilections philosophiques, son entourage d'esprits indépendants et raisonneurs, l'absence complète dans son œuvre (en dehors de *Tartuffe* et de *Don Juan*) d'une allusion chrétienne ou religieuse ne laissent point croire à son orthodoxie. Il dut, dans la liberté de pensée, aller aussi loin que ses plus francs et hardis contemporains, Gassendi, La Mothe Le Vayer, Descartes et Pascal avant sa conversion. Mais on ne saurait le confondre, non plus qu'eux, avec les libertins débauchés fort nombreux alors à Paris, simples fanfarons d'athéisme, n'ayant brisé la chaîne des croyances traditionnelles, sauf à les reprendre in extremis, que pour se livrer impudemment à tous les vices. Ce sont ceux-là que personnifie admirablement *Don Juan*, avec un relief si énergiquement accentué de perversité odieuse et révoltante qu'il est impossible d'y voir une apothéose. Qu'on se souvienne avec quelle prudence et, sans doute, quelle sincérité, les plus graves penseurs du temps séparaient le domaine de la foi de celui de la raison, que Gassendi fut un ecclésiastique respectable et respecté, que La Mothe Le Vayer fut désigné par Richelieu, puis accepté par Anne d'Autriche, comme précepteur de Louis XIV ! On admettra alors, sans peine, que Molière parlait franc dans sa Préface de *Tartuffe*, à la fois si habile et si digne :

> J'ai mis tout l'art et tous les soins qu'il m'a été possible pour bien distinguer le personnage de l'hypocrite d'avec celui du vrai dévot. J'ai employé pour cela deux actes entiers à préparer la venue de mon scélérat. Il ne tient pas un seul moment l'auditoire en balance ; on le connaît d'abord aux marques que je lui donne, et, d'un bout à l'autre, il ne dit pas un mot, il ne fait pas une action qui ne peigne aux spectateurs le caractère d'un méchant homme et ne fasse éclater celui du véritable homme de bien que je lui oppose.

Cette défense de *Tartuffe* est aussi celle de *Don Juan*, qui dès la première scène, est peint, avec autant de sûreté profonde, par son malheureux valet Sganarelle, que Tartufe par Dorine et Cléante. Mais ici, c'est Sganarelle, qui représente, à lui seul, l'honnêteté et le bon sens. Interprète inculte et maladroit, mais d'autant plus touchant qu'il souffre plus dans sa misère, lui aussi franc et loyal que Dorine, de ne pouvoir se délier la langue devant ce terrible maître dont le plaisir est de l'humilier :

> Il me vaudrait bien mieux d'être au diable que d'être à lui, et il me fait voir tant d'horreurs que je souhaiterais qu'il fût déjà je ne sais où. Mais un grand seigneur méchant homme est une terrible chose : il faut que je lui sois fidèle, en dépit que j'en aie ; la crainte en moi fait l'office de zèle, bride mes sentiments et me réduit d'applaudir bien souvent à ce que mon âme déteste.

Ce rôle étonnant de Sganarelle, qui, d'un bout à l'autre excite le rire en même temps qu'il éveille toujours la réflexion, c'est la protestation permanente des sentiments naturels et de la conscience universelle contre les paradoxes brillants du dilettantisme intellectuel et de l'oisiveté corrompue. « Le peuple a des opinions très saines, disait Pascal... les demi-savants s'en moquent et triomphent à montrer là-dessus sa folie ; mais, par une raison qu'ils ne pénètrent pas, il a raison ». Et Robespierre dira : « L'athéisme est aristocratique ». Il est clair que, comme toujours, en mêlant aux plus justes raisonnements de ce Sancho asservi les superstitions les plus grossières, en lui faisant clore ses discours édifiants par des incidents grotesques, comme sa chute après l'exposition naïve des causes finales, Molière a voulu à la fois montrer le personnage dans toute sa réalité, éviter les allures ennuyeuses du sermon ou de la dissertation, et se donner, sous la protection du franc rire, le droit de dire toute sa pensée. Comment est-il possible de s'y tromper à la représentation, et même à la lecture ? Qui n'en sort avec l'estime pour Sganarelle et la conviction que si Molière, à coup sûr, ne partage point ses préjugés sur le loup-garou et le moine-bourru, il accepte encore moins le cynisme moral de Don Juan, la férocité de son égoïsme élégant, la perversité raffinée de ses curiosités sensuelles et sentimentales, ses négations tranchantes et légères ?

On ne saurait, sans doute, attacher une importance décisive à de simples faits d'obligation ou de convenance, comme celui des Pâques faites par Molière à Saint-Germain l'Auxerrois un an avant sa mort et l'appel inutile par sa femme et ses amis d'un prêtre à ses derniers moments. Toutefois l'habitude d'offrir l'hospitalité à des religieuses, sa loyauté, sa générosité, sa charité proverbiales, son dévouement à ses amis, à sa famille, à tout son monde, attestent, chez lui, avec le plus large esprit de tolérance, le respect sincère de toutes convictions religieuses, et la pratique désintéressée de quelques nobles vertus. Est-il sorti absolument du Christianisme *in petto* ? C'est possible, mais qu'en savons-nous ? En tout cas, il semble bien qu'il s'en soit tenu, comme tant d'autres penseurs en tous les temps, comme la grande masse peut-être dans le nôtre, à quelque conception, à la fois vague et certaine, d'un déisme mystérieux et inexplicable, mais d'où procèdent sûrement ces forces instinctives du sens moral, ces idées du bien et du mal, du juste et de l'injuste qui, sanctifiées par les religions, codifiées par les législations, constatées par les philosophies, n'ont cessé de gouverner, plus ou moins bien, la conduite des hommes. Qu'il ait, d'ailleurs, traversé successivement, dans sa jeunesse et son âge mûr, les deux états d'esprit que Don Juan et Sganarelle représentent avec l'exagération du relief dramatique ou comique, la confiance superstitieuse et le scepticisme matérialiste, c'est probable. S'il oppose, avec une telle impartialité apparente, les deux mentalités, c'est qu'il les connaît par expérience personnelle.

Comme on a discuté l'énigme de Don Juan, on a discuté l'énigme d'Alceste dans *le Misanthrope*. La deuxième est-elle plus indéchiffrable que la première? Moins encore, ce nous semble. On a voulu trouver, les uns dans le noble et fier Alceste, dont la noblesse et la fierté ne succombent, par instants, qu'aux angoisses, colères et faiblesses d'un amour mal placé, les autres dans le prudent et souple Philinte dont l'expérience et le savoir-vivre s'accommodent patiemment à toutes les faussetés du monde et tous les déboires de la vie, une représentation typique de la pensée de Molière sur la haute société de son temps, une affirmation personnelle de sa sympathie soit pour l'adversaire, généreux et imprudent, soit pour le flatteur, réfléchi et avisé, de cette société.

Est-il possible, là encore, de ne pas voir où se dresse l'idéal de Molière? Si ridicule que puisse paraître à des marquis éventés et des minaudières sucrées, par ses franchises brutales et ses sorties inconvenantes, le gentilhomme aux rubans verts, n'est-ce pas vers lui que vont d'un bout à l'autre, dans toutes ses révoltes et toutes ses angoisses, les applaudissements de la conscience publique? Il fallait bien que, par quelques côtés, il prêtât aux rires, comme y prêtent, comme y prêteront toujours, dans toutes les sociétés régulières, ceux qui, par nature ou par conviction, ne se soumettent pas entièrement à leurs préjugés, habitudes et modes. Si Alceste n'était pas ridicule, pour son monde, à certains moments, il ne serait pas vrai. Et c'est parce qu'il le semble à ces gens-là, à nous aussi peut-être un peu, que notre respect pour lui s'augmente d'autant par notre compassion. Nous le plaignons, nous le respectons, nous l'admirons, nous sommes tous de cœur avec la bonne Éliante lorsqu'elle le défend :

Dans ses façons d'agir il est fort singulier,
Mais j'en fais, je l'avoue, un cas particulier,
Et la sincérité dont son âme se pique
A quelque chose en soi de noble et d'héroïque,
C'est une vertu rare au siècle d'aujourd'hui.

Et Molière est aussi de cœur avec elle! Comme Alceste, il a subi les inquiétudes et les désespoirs de l'amour méconnu ou trompé, il a connu, comme lui, les impertinences, la bassesse, la vengeance des vanités blessées, les injustices des hommes et leurs méchancetés et, depuis longtemps grondaient en lui les révoltes et les colères qui éclatent tout à coup par la bouche du courtisan vengeur.

Mais, au-dessous de l'idéal, se traîne toujours la réalité. Ces révoltes et ces colères, le gentilhomme, dans son entourage même, ne peut les exprimer sans exciter de telles réprobations, de tels abandons, qu'il se trouve déjà presque seul avant de s'enfuir au désert. Comment un pauvre comédien eût-il pu se risquer à s'en faire, dans la vie ordinaire, le prédicateur et l'interprète? Penser comme Alceste, vivre comme Philinte, n'est-ce pas à quoi la destinée nous contraint presque tous? Là aussi le double personnage n'en fait qu'un. Alceste est le symbole de l'idéal de franchise, de justice, de vertu où l'on voudrait se hausser et se tenir, Philinte l'image réelle des accommodements extérieurs que les nécessités sociales nous obligent d'accepter dans le courant de la vie. Alceste pousse sa sincérité jusqu'à la dureté et l'injustice, Philinte sa douceur et sa politesse jusqu'à l'indifférence coupable. Il le fallait pour la comédie, mais n'en est-il pas de même dans la vie? Peintre des autres, peintre de lui-même, c'est avec la même rigueur que Molière pousse à fond tous ses portraits. « Nous pouvons croire à la même sincérité lorsqu'il se défend par Alceste et Philinte, dit M. Jules Lemaître. Si bien que l'âme de Molière est également dans l'un et dans l'autre et qu'ils présentent tour à tour les deux attitudes du poète.... S'il est bon de s'indigner contre la vie, il est excellent de vivre.... N'empêche que Molière voudrait être Alceste, s'il le pouvait, je crois. » Nous ne saurions conclure ni mieux, ni autrement. Dans *le Misanthrope*, de même que dans *Don Juan*, c'est l'expression fidèle de deux états d'esprit contradictoires, vis-à-vis de la morale et du monde, par lesquels nous passons presque tous, sans pouvoir toujours en sortir avec la même clarté d'affirmation et d'idéal que le grand poète comique.

VIII

LE STYLE

Si le génie comique de Molière, surtout en France, n'a guère connu de détracteurs, il n'en est pas de même pour son style. L'attaque a commencé quelques années après sa mort. « Il ne lui a manqué, dit La Bruyère, en 1689, que d'éviter le jargon et le barbarisme. » Bayle ajoute en 1697 : « Il avait une facilité incroyable à faire des vers, mais il se donnait trop de liberté d'inventer de nouveaux termes et de nouvelles expressions ; il lui échappait même fort souvent des barbarismes. » Puis viennent Fénelon, en 1713, dans sa *Lettre à l'Académie* et Vauvenargues en 1746, dans ses *Maximes et Pensées*. Le prélat rend, il est vrai, large justice au sucesseur de Térence qu'il place fort au-dessus de son modèle : « Encore une fois, je le trouve grand, mais ne puis-je parler en liberté sur ses défauts ? En pensant bien, il parle souvent mal ; il se sert des phrases les plus forcées et les moins naturelles. Térence dit, en quatre mots, avec la plus élégante simplicité, ce que celui-ci ne dit qu'avec une multitude de métaphores qui approchent du galimatias. J'aime bien mieux sa prose que ses vers... » Vauvenargues, en rappelant les paroles de Fénelon, les aggrave d'un ton tranchant qu'excusent sa jeunesse, sa maladie, sa solitude : « Il y a peu de poètes, si j'ose le dire, de moins corrects et moins purs que lui. »

La critique se calme, ensuite, durant les XVIIIe et XIXe siècles, jusqu'à ce que Schérer, par un article du *Temps* en 1882, *Une hérésie littéraire*, réveille, pour longtemps, les discussions et les tempêtes. Le réquisitoire est long, la conclusion est dure : « Il n'y a pas moyen de se dérober à la conviction que notre grand comique est aussi mauvais écrivain qu'on peut l'être lorsqu'on a, du reste, les qualités de fond qui dominent tout. » *Un fond qui domine tout* n'est peut-être pas d'un style irréprochable pour un puriste si dédaigneux. Mais les juges et les magisters ont aussi leur jargon et Molière eût bien éclaté de rire en écoutant son accusateur énumérer ses crimes en termes si pédantesques. Après avoir repris dans *le Misanthrope* quelques exemples de négligences qu'on cite sans cesse, constaté les chevilles « continuelles et horribles », les répétitions de mots et de phrases « qui se suivent par voie de juxtaposition, sans se lier, sans se combiner organiquement », les synonymes oiseux, les tautologies, la prolixité, s'alliant à l'afféterie et produisant l'amphigouri, toutes les monstruosités qu'il y voit ou croit voir, Schérer dénonce résolument le coupable à l'indignation vengeresse des grammairiens, philosophes et écolâtres. Horreur suprême! La phrase de ce criminel « manque toujours de cette *complexité organique*, dans laquelle chaque idée et chaque membre d'idée s'ordonne et se subordonne ». Il ne construit pas de périodes!... Il développe le sens au moyen de tautologies et de périphrases!... »

Que répondre à ce foudroyant réquisitoire? Molière s'en fût vengé, sans doute, en le mettant, sans grands changements, dans la bouche de Pancrace, Trissotin, Vadius ou M. Bobinet. Les Moliéristes fanatiques défendirent leur dieu avec colère, la plupart des critiques dramatiques et littéraires retorquèrent, avec justesse, une partie des accusations. Enfin, en 1908, Brunetière, dans une étude magistrale, d'une franchise indépendante et d'une savante sagacité, a semblé clore le débat à l'honneur du prévenu.

Ce qu'on doit reprocher, tout d'abord, à ces puritains les plus sincères, c'est d'étendre à toute l'œuvre une condamnation qui devrait, en bonne justice, n'en frapper que certaines parties, ou, pour mieux dire, quelques détails. C'est d'oublier, ensuite, dans quelles conditions cette œuvre considérable fut presque toujours improvisée, en treize ou quatorze ans, dans l'agitation incessante d'un incroyable surmenage physique et intellectuel, par un homme maladif et irritable, chargé d'énormes responsabilités, harcelé par mille soucis professionnels et personnels. C'est d'oublier aussi que la plupart de ces pièces furent imprimées en hâte, sans que l'auteur puisse les bien corriger, ou même en dehors de lui et malgré lui et que les autres ne le furent qu'après sa mort, d'après des manuscrits non revus ou des brouillons. Bien que « le temps ne fasse rien à l'affaire » il semblerait juste au moins d'accorder au coupable le bénéfice de ces circonstances atténuantes.

La grande cause d'erreur pour tous ces écrivains célèbres, ce fut d'être plus ou moins étrangers ou indifférents, par leurs professions et leurs habitudes, à l'art théâtral. Moralistes ou philosophes, accoutumés à polir lentement, dans le silence du cabinet, en vue de lecteurs choisis, des phrases bien enchaînées, des locutions correctes, où des idées précises se doivent condenser dans une forme resserrée, ils jugent tous les écrits avec leur façon particulière de composer et de rédiger. Or, l'action scénique exige, précisément, deux qualités incompatibles avec l'éloquence soutenue et régulière, la précision dialectique ou descriptive des raisonnements philosophiques et des développements littéraires. Ce que les spectateurs demandent à l'auteur dramatique, surtout à l'auteur comique, c'est que le langage dialogué de ses personnages leur communique, rapidement et clairement, le mouvement des émotions, des sentiments, passions et pensées dont ils doivent être agités, à tel ou tel instant de l'intrigue engagée.

Suivant les caractères de ces personnages et les circonstances où ils agissent leur langage sera déjà très différent. Tantôt, sous le coup d'impressions vives, ce ne seront que saillies, exclamations, interjections, phrases hachées et coupées, laissant en l'air les régimes, et parfois les verbes. Peut-il être alors question d'y retrouver l'armature organique? Tantôt, surtout s'ils jouent les rôles de conseillers ou justiciers, soutenants d'une thèse, exposants d'une idée, ils pourront sans danger s'épancher en tirades et discours plus suivis. Mais alors même, un bourgeois et un courtisan, un maître et un valet parleront-ils du même ton, avec même syntaxe et même vocabulaire ? Les phrases de Chrysale seront-elles enchaînées, polies, distinguées comme celle de Clitandre ? Les argumentations naïves et embrouillées de Sganarelle auront-elles l'allure héroïque et tranchante des affirmations de Don Juan ? Et, dans la plupart de ces cas, lorsque la pensée a quelque originalité et quelque profondeur, toutes ces répétitions de mots, toutes ces négligences, haltes de l'attention, repos de la pensée, nécessaires à l'orateur pour donner à son auditoire le temps de se reconnaître, comme à lui-même celui de continuer, n'y sont-elles pas excusables, ou, pour mieux dire, utiles, indispensables ? Il y a bien moins de scories, de remplissage, de chevilles, de pléonasmes, il n'y en a pas du tout, si l'on veut, dans les tirades comiques de Racine et de Regnard, ces modèles de vivacité verbale et d'élégance légère : c'est la correction même. Mais *les Plaideurs* et *le Joueur* ont-ils la puissance, l'ampleur, l'éloquence chaude et généreuse qui à chaque instant, dans *le Tartuffe*, *le Misanthrope*, *les Femmes savantes*, soulèvent irrésistiblement le rire, l'indignation ou la sympathie ?

L'auteur comique, en outre, n'a-t-il pas le devoir de modifier parfois non seulement son style, mais son vocabulaire ? La Bruyère, comme Boileau, d'ailleurs, Fénelon, Vauvenargues, bien d'autres délicats, après eux, ne pouvaient pardonner à Molière de mettre sur la scène tant de petites gens, et de les faire parler « comme on parle chez eux ». Mais Molière savait bien ce qu'il faisait, et, puisque ses amis l'encouragaient à représenter, en toutes choses, le naturel, pourquoi n'aurait-il vu ce naturel qu'à Versailles et à Paris, dans l'aristocratie et la bourgeoisie? Ne le trouvait-il pas, plus franc et plus naïf, dans les plébéiens chez qui La Fontaine aussi l'allait chercher? Et c'est pourquoi Alain, Georgette, Pierrot, Charlotte, Martine, dégoisent en leur jargon, sans souci des solécismes et des barbarismes. Est-ce qu'on leur demandera, à ceux-là, des vers ou de la prose organiques et périodiques? Leurs solécismes et leurs barbarismes font partie de leurs caractères, comme certaines phrases en galimatias et amphigouris semblent tout à fait bien placées dans la bouche des précieux et précieuses impénitents qui, en dehors même des *Femmes savantes*, minaudent encore, avec une grâce raffinée, dans *Don Garcie*, *le Misanthrope*, *la Princesse d'Elide*, *les Amants magnifiques*, *Psyché*, etc...

Assurément (qui le pourrait nier?) il est facile de relever, assez souvent, surtout dans les comédies en vers, des chevilles et des remplissages, des enchevêtrements d'incidentes et de relatifs qui prennent, à la lecture et à la reflexion, des apparences de maquis inextricables. Mais, en fait, ces passages, au moins dans les œuvres imprimées de son vivant, sont assez rares. Ce qu'il faut observer, d'ailleurs, c'est qu'à l'audition ces morceaux défectueux ne détonnent point dans l'ensemble, parce que le sens, sous les brouillards de la forme, s'en dégage suffisamment. Le même phénomène ne se produit-il pas dans l'art oratoire? Les plus grands effets, dans les tribunaux et les parlements, y sont-ils toujours obtenus par les orateurs les plus diserts et les plus lettrés? Si les incorrections, les répétitions, les incohérences des phrases sonores recueillies par les sténographes n'étaient pas soigneusement corrigées sur épreuves, combien de fameux discours donneraient beau jeu au pédantisme méprisant du moindre instituteur!

Brunetière observe avec justesse que les plus grands écrivains du XVIIe siècle, en acceptant, comme principe du style écrit, l'imitation sincère du style parlé, c'est-à-dire du langage naturel dans la vie familière et dans la conversation, s'exposaient à scandaliser « les grammairiens ». Et, ajoute-t-il, « j'entends par ce mot, non point les philologues, mais tous ceux qui pensent, mondains, d'ailleurs, ou pédants, que l'art d'écrire et de bien écrire se réduit à des règles certaines ». Et il cite avec une abondance malicieuse, quelques-unes des métaphores les plus incohérentes, des galimatias et amphigouris les plus stupéfiants qu'on peut relever dans Corneille, Mme de Sévigné, Bossuet, Pascal; il rappelle que Saint-Simon, et, de notre temps, Balzac et Hugo en sont pleins : « Quelle que soit la cause, tel est le fait : ni Balzac, ni Saint-Simon, ni Molière ne sont toujours corrects. Ils sont toujours vivants. Il se pourrait donc qu'entre l'irrégularité de leur style et l'intensité de vie que nous aimons dans leur œuvre, il y eut quelque relation mystérieuse Et je laisse à de plus heureux d'en trouver la formule..... »

De semblables irrégularités sont facilement relevées dans les arts, chez les plus grands génies : Donatello, Michel-Ange, Rubens, Rembrandt, ne sont pas toujours corrects ; ils sont toujours vivants. Les fleuves et les torrents entraînent avec eux, dans leur cours rapide et inégal, des scories et des détritus qui ne souillent point les rivières paisibles et les canaux bien entretenus, mais c'est à ces fleuves et torrents que les canaux et rivières doivent leurs eaux, le paysage sa grandeur, la campagne sa fécondité.

Il faut, d'ailleurs, distinguer, chez Molière, ses œuvres en prose de ses œuvres en vers, ses grandes comédies de ses farces, et le tout de ses fantaisies et féeries-ballets pour la cour. Dans la prose, celle de ses farces surtout, transcription, aussi exacte que possible, de la goguenardise bourgeoise et de la jovialité populaire desquelles sa jeunesse s'était nourrie, il trouve, semble-t-il, de très bonne heure, dans les traditions de nos vieux conteurs et farceurs, avec l'appoint de la *schiettezza* toscane et de la verve napolitaine, cette vivacité nette et claire dans les saillies et réparties qui fera de sa prose un instrument admirable rendant, avec une égale finesse de pointe incisive, la vérité du langage chez les gens de toute condition et de toute culture. Que de degrés, que de nuances infinies dans cette prose, toujours alerte et claire, prête à tout dire, dans le grave comme dans le plaisant ! Avec quelle prestesse, quel entrain elle s'adapte à tous les sujets, cette prose souriante ou attristée ! Relisez la discussion littéraire dans *la Critique*, l'exposition des idées théâtrales dans *l'Impromptu*, la querelle philosophique du *Mariage forcé*, les consultations ridicules de *l'Amour médecin* et de *M. de Pourceaugnac*. Écoutez, les uns après les autres, les lamentations douloureuses de Dandin et les gémissements grotesques d'Argan, les nobles colères de Don Louis et les risibles indignations d'Harpagon, tous deux pères insultés, les adieux héroïques et résignés de l'amoureuse Dona Elvire, et la gourmade révoltée de l'honnête Mme Jourdain, toutes deux des épouses trahies! Comme cette prose malléable, imagée ou abstraite, pétulante ou rassise, rapide ou grave, sait bien dire tout ce qu'il faut, le dire à propos, gaillardement, vaillamment!

Si l'effort, quelque gêne et quelque lenteur s'y font parfois sentir, c'est dans les morceaux de sentiment et de morale. Sur ces deux points, même dans la prose, on sent que le gamin de la rue Saint-Honoré, le coureur de provinces, n'a pas été aussi vite maître de sa langue que dans les scènes bourgeoises et populaires. Il lui fallut quelque temps pour se débarrasser des raffinements du langage romanesque et précieux, et pour accommoder à l'usage du théâtre la solidité, trop austère et trop froide, des dissertations et maximes qu'il trouvait dans les moralistes contemporains.

Le même embarras pour exprimer clairement la complication d'un sentiment ou d'une pensée reste plus longtemps visible dans les comédies en vers. On dirait qu'il s'y trouve à la fois embarrassé et servi par les innombrables réminiscences de Rotrou, Corneille, Scarron, Desmarets, qui l'assaillent, mêlées à celles, non moins nombreuses, des Espagnols. Dès ses débuts, élève surtout des ancêtres gaulois, Marot, Mathurin Régnier, et des réalistes contemporains, Théophile, Saint-Amant, Scarron, il s'approprie, avec une aisance et une verve supérieures, la vivacité colorée et la sonorité brillante de leurs meilleurs morceaux. Il ne tardera pas à donner à son vers plus de fermeté et de suite dans les développements de pensée, plus de tenue et de dignité dans l'éloquence des personnages distingués ou moralisants. Par malheur, il perdra, en chemin, quelque chose de cet entrain incomparable qui donne à ses premières pièces, pour les poètes modernes, une valeur technique exceptionnelle. « Il est temps, disait Victor Hugo en 1827, de faire justice des critiques entassées par le mauvais goût sur ce style admirable, et de dire hautement que Molière occupe la sommité de notre littérature, non seulement comme poète, mais encore comme écrivain. *Palmas vir habet iste duas....* Racine est un poète, il est élégiaque, lyrique, épique; Molière est dramatique.... Chez lui, le vers embrasse l'idée, s'y incorpore étroitement, la serre et la développe tout à la fois, lui prête une figure plus svelte, plus stricte, plus complexe, et nous la donne, en quelque sorte, en élans. » L'auteur de *Cromwell* garda, jusqu'à la fin de sa vie, la même admiration pour le style poétique de Molière. A Guernesey, en 1872, il récite, de mémoire, à M. Paul Stapfer, deux scènes de *l'Étourdi*, les explications orageuses entre Mascarille et Lélie. M. Paul Bourget constate, surtout dans *l'Ecole des Femmes* et le rôle d'Arnolphe, cette perfection rythmique et verbale du vers dramatique, s'adaptant, avec la même souplesse forte et vibrante, à l'expression d'une sottise ridicule et d'une sensibilité touchante. La même admiration pour la virtuosité de cette période est partagée, par tous les vrais poètes du théâtre en notre temps, depuis Théophile Gautier et Théodore de Banville jusqu'à MM. Catulle Mendès, Jean Richepin, Edmond Rostand, etc.... Il suffit de les lire pour en être convaincu.

A ce point de vue, comme à tant d'autres, c'est une perte déplorable que celle de la fameuse valise où Molière conservait ses manuscrits. On y aurait trouvé, sans doute, l'explication des deux affirmations différentes présentées par les contemporains au sujet de sa façon de travailler. Si nous en croyons Boileau, si nous l'en croyons lui-même, il aurait rimé nombre de ses pièces, à l'improviste, sur commande, par occasion, avec une extraordinaire facilité. Si nous prêtons l'oreille aux témoins de ses labeurs, il faut penser autrement. Le fidèle Lagrange, dans sa notice bibliographique, en 1682, en constatant l'inégalité des ouvrages, l'attribue « à la très grande précipitation » du travail dans certaines circonstances. Quelques années plus tard, Baron, comme nous l'avons déjà dit, par la bouche de Grimarest, ajoute, à l'observation de Lagrange, que Molière était « l'homme du monde qui travaillait avec le plus de difficulté », mais que, d'autre part, il avait un « magazin d'ébauches » où il puisait sans cesse.

Tous ces renseignements ne sont pas aussi contradictires qu'il semble. Ils peuvent même nous expliquer, si je ne me trompe, et les intermittences de la qualité littéraire dans le cours d'un même ouvrage, et l'anachronisme évident de morceaux juxtaposés, notamment dans les divertissements royaux. Il est tel ou tel morceau de bravoure satirique ou descriptif, dans *les Fâcheux*, par exemple, ou *le Misanthrope*, ou *les Femmes savantes* qui déploie tout à coup la verve brillante de la première période dans un entourage de style plus grave ou plus pénible.

Le Misanthrope, pour les scènes de jalousie est une refonte du *Don Garcie* avec reprise corrigée d'un grand nombre de vers. On y trouve même un fragment de la traduction de Lucrèce. Les scènes du sonnet et des portraits dans le cercle de Célimène, des marquis ridicules et de Dubois peuvent bien être sorties du « magazin ». Malgré la fermeté générale du style, et son aptitude, dans *le Misanthrope* et dans *le Tartuffe*, à exprimer en vers pleins, francs et clairs, les sentiments les plus profonds et les plus compliqués, les idées morales les plus hautes, c'est là pourtant que les puritains de cabinet peuvent signaler justement quelques-uns de ces passages embrouillés, bourrés d'incises, de qui et de que, qui trahissent trop l'effort de l'écrivain. C'est peu de temps avant sa mort qu'il se montrera vraiment le maître incomparable de l'alexandrin théâtral dans *les Femmes savantes*, comme celui de la prose dans *le Malade imaginaire*. Quant au vers libre, où son libre génie évoluait avec plus de joie, il avait déjà montré, dans *Amphytrion*, qu'il savait l'adapter à toutes les nécessités du dialogue et de l'action scéniques avec la même supériorité que l'avait fait son ami La Fontaine pour la narration joyeuse ou morale. *Amphytrion* fut composé ou achevé à loisir, durant une période d'accalmie matérielle. Il n'en fut pas de même de *Psyché* dont il dut confier l'achèvement au sexagénaire Corneille. Nous avons vu comment le vieux lion saisit l'occasion offerte d'y prouver sa verdeur opiniâtre :

> Tel Sophocle à cent ans charmait encore Athènes.

Dans cette lutte de deux générations sur un terrain poétique et sentimental en dehors de leurs besognes ordinaires, ce fut l'aîné qui l'emporta.

Ces obligations de travail rapide, sans cesse interrompu par des contretemps extérieurs, se révèlent encore dans l'énorme quantité de vers tout faits qui parsèment ses œuvres en prose. Dans *le Sicilien*, notamment, et dans *l'Avare*, les alexandrins sont si nombreux et si bien frappés qu'on peut croire à l'intention de versifier plus tard la pièce entière. Mais il n'y a pas que les alexandrins. Les décasyllabiques et les octosyllabiques y sont si fréquents aussi qu'on a pu rétablir des pages entières de vers libres régulièrement entremêlés auxquels il ne manquait que la rime. Cette recherche et cette fréquence du rythme musical dans la prose est aussi l'une de ces inconvenances qui scandalisent Ménage-Vadius. Quelques-uns ont supposé qu'il faisait là des tentatives encore inavouées de faire accepter sur la scène un langage mi-prose, mi-vers, mais d'un nombre toujours harmonieux, qui lui aurait donné les mêmes libertés d'appropriation lyrique et réaliste qu'au théâtre anglais dont il avait, très probablement, entendu parler. Ce n'est peut-être aussi que le résultat de la composition à haute voix, familière aux vrais poètes, mais plus naturelle encore chez un auteur-acteur dont l'idéal de style doit être le style scénique.

Restent contre lui les accusations de jargonner, d'employer des termes bas ou proscrits, des locutions insolites ou surannées, d'estropier les mots courants ou d'en forger de nouveaux. Le fait est que si l'on parcourt les lexiques de Génin et de Livet, on constate que son vocabulaire et ses façons d'en user diffèrent singulièrement des usages adoptés par les écrivains puristes depuis Vaugelas. Pour les termes, il puise à pleines mains dans nos vieux conteurs, dans Rabelais, Montaigne, Amyot, mais surtout dans la langue vivante, la langue familière, sonore, franche, hardie, sans périphrases, des gens du peuple et des paysans, aussi bien que dans celle des gens de lettres et des gens du monde, prédécesseurs ou contemporains, ronsardisants attardés ou malherbistes gourmés, réalistes ou stylistes, burlesques ou précieux. Il garde à cet égard la liberté de Régnier, Théophile, Scarron, Rotrou. Tout dépend, pour lui, des occasions, de l'origine, du caractère, de l'éducation de ses personnages, du milieu dans lequel ils se meuvent.

Et si les mots en cours ne lui suffisent pas, ne lui semblent pas assez expressifs, frappants, colorés, il ne se gêne point, pas plus que les bonnes gens, pour lancer quelque augmentatif, diminutif ou néologisme de circonstance. Sur la vitalité et le mouvement de la langue nationale, il conserve les idées progressives de Rabelais, Du Bellay, Ronsard, vis-à-vis des théories de l'immobilité classique. Qu'importe si bon nombre des mots ou locutions qu'il emploie, archaïsmes qu'il nous a conservés, néologismes qu'il nous a légués, aient été proscrits par les successeurs de Chapelain et de Vaugelas à l'Académie ? « Le Dictionnaire académique, dit encore justement M. Gustave Lanson, vaut pour Racine ; il est trop pauvre pour Molière et La Fontaine, qui ont besoin de signes moins éloignés et moins dépareillés des sensations naturelles. »

Que cette indépendance vis-à-vis de la syntaxe et du vocabulaire patentés aboutisse parfois, dans le feu de l'improvisation, à des incorrections bizarres. inacceptables et non viables, cela est encore vrai, Mais combien cela est plus rare qu'on ne l'a dit, et combien cela est noyé, emporté, oublié dans le flot rapide et clair du mouvement des sensations et des idées ! Les expériences faites au théâtre depuis deux siècles et demi sont décisives. Si incorrect, si pénible que, par instants, puisse être, à la lecture, le style de Molière, lorsqu'il prend vie, sur la scène, lancé par la bouche des acteurs, il passe toujours par-dessus la rampe et va frapper sûrement l'auditoire au point juste d'où jailliront le rire ou l'émotion.

Tous les hommes de théâtre sont d'accord sur ce point, acteurs, auteurs, critiques, amateurs. Sarcey, l'un de ceux qui ont le plus sérieusement répondu à Schérer, rapporte ce mot du vieux Provost : « Molière est le seul homme, au théâtre, le seul, entendez-vous, qui soit toujours facile à dire, tant sa prose et ses vers se plient à l'allure de la conversation. » Suivent quelques exemples de galimatias littéraire que l'oreille et l'esprit acceptent sans effort et qui sont vraiment typiques. Sarcey peut ajouter : « Molière écrit mal, dit M. Schérer. En tout cas, il n'écrit pas mal pour la scène. Car il y a, n'en déplaise à M. Schérer, un style de théâtre, et si l'on a le mouvement dramatique de la période, le relief de la phrase, le coloris du mot, une je ne sais quelle sonorité de langage qui entre par l'oreille jusqu'au cœur, on est, en dépit de toutes les constructions de phrases vicieuses, de tous les mots impropres, de toutes les métaphores incohérentes, de tous les termes surannés et bizarres, on est un écrivain de théâtre, et même un grand écrivain ».... Déjà, dans sa préface du *Père prodigue,* Alexandre Dumas fils avait formulé, d'un ton plus tranchant, cet axiome d'expérience.

IX

L'INFLUENCE

Si l'on juge de l'influence d'un auteur dramatique par la rapidité et la durée de sa popularité sur les scènes de son pays et les scènes étrangères, par le nombre des nations où il a trouvé des traducteurs et des imitateurs, par celui des critiques qui l'ont commenté, discuté, exalté en toutes langues, on devra penser que de tous nos écrivains de théâtre, c'est Molière qui, depuis plus de deux siècles, n'a cessé d'exercer, sur le monde civilisé, l'action la plus puissante et la plus durable par les qualités vives et claires de son génie observateur et créateur, hardiment sincère et profondément humain.

De son vivant, dès la surprise et le scandale excités par ses premières œuvres, cette action se traduisit par des effets techniques sur la conception de l'œuvre théâtrale et sa représentation, des effets intellectuels sur le mouvement de la littérature, des effets moraux sur les habitudes et les idées de la société. Une quantité de faits constatés par les historiens et les érudits viennent, sur tous ces points, à l'appui de tous les témoignages contemporains. Comme acteur et metteur en scène, il s'efforça de remplacer la déclamation ronflante par la diction naturelle et de donner à ses personnages, avec des caractères plus vrais et plus soutenus, une vraisemblance extérieure plus exacte et plus complète aussi. « Il a entendu véritablement les habits des acteurs, dit Charles Perrault, en leur donnant leur véritable caractère et il a eu le don de leur distribuer si bien les personnages et de les instruire ensuite si parfaitement qu'ils semblaient moins des acteurs que les vraies personnes représentées. »

Pour l'action exercée sur les théories et le style de la littérature contemporaine, il suffit de se reporter aux dates et de comparer ce qui s'est fait au théâtre avant *les Précieuses*, *les Fâcheux*, les deux *Écoles*, *la Critique* et *l'Impromptu*, et ce qui s'y fit après, On le combat, on le critique, mais on l'imite et on le pille, comme il pillait, d'ailleurs, lui-même tous ses devanciers. Et l'autorité de son génie franc et sincère, dès ses premiers succès, exerce même son action au delà du théâtre. Qu'on se souvienne de son étroite liaison, durant ces années d'effervescence juvénile, avec son contemporain La Fontaine, encore incertain de sa route en ses rêveries paresseuses, avec ses cadets Boileau et Racine, l'un moins âgé que lui de quatorze ans, l'autre de dix-sept. Boileau, avant 1666, ne devait rien publier. Est-il audacieux de penser que les premières satires, composées vers 1660 (Ier et VIe *Embarras de Paris*) et la deuxième adressée en 1662 ou 1663 à M. de Molière, sortirent de ces cabarets militants ou l'on fabriquait en collaboration la parodie du *Chapelain décoiffé* et autres fantaisies agressives? Si l'auteur de *l'Art poétique* put donner plus tard d'utiles conseils au comédien, ce ne fut peut-être qu'un rendu pour un prêté.

Quant au jeune Racine, lorsqu'il revient d'Uzès à Paris en 1662, *l'École des Femmes* est en plein succès. Est-ce à Molière qu'il doit le sujet, le plan, les corrections de *la Thébaïde*? Des contemporains l'affirment. En tous cas, il reçoit ses conseils, s'adresse à sa bienveillance pour la représentation et, dans les alexandrins sentimentaux d'Alexandre, comme, plus tard, dans les alexandrins comiques des *Plaideurs*, profite, visiblement, avec un goût d'artiste favorisé par d'heureux loisirs, des modèles intermittents, mais suggestifs, donnés par Molière dans *l'Étourdi*, *le Dépit*, *Don Garcie*, les deux *Écoles*. Le service capital rendu à Racine par Molière fut de l'encourager, par les exemples du *Tartuffe* et du *Misanthrope*, à prendre résolûment pour pivot de l'action dramatique le développement des caractères et des passions déterminant la crise psychologique et sa solution fatale. C'est après *le Misanthrope*, que Racine renonce, décidément, aux intrigues factices de l'amour romanesque et s'en tient à l'étude émue de la vie réelle, comme lui prêchait d'exemple par ses créations puissantes le plus génial de tous ses joyeux compagnons du *Mouton Blanc*, les amis de Nature et Vérité, La Fontaine, Chapelle, Furetière, etc... Les souvenirs du *Misanthrope* qui ont inspiré la construction logique d'*Andromaque* réapparaissent, plus nombreux, dans la conduite et dans les sentiments de *Bérénice* dont la préface est un écho des idées de Molière dans *la Critique* et *l'Impromptu*. Et lorsque l'auteur tragique nous donne la formule de son idéal, l'idéal classique, « une action simple soutenue de la violence des passions, de la beauté des sentiments et de l'éloquence de l'expression », que nous donne-t-il sinon la formule du chef-d'œuvre déjà réalisé, quatre ans avant, par Molière?

« C'est peut-être à Molière que nous devons Racine », a dit Voltaire. Si cela est vrai pour l'auteur de *Bérénice*, combien cela l'est plus encore pour celui des *Plaideurs*! Cette farce d'une élégance attique, qui devait malheureusement rester unique dans l'œuvre du poète tragique, comme *les Menteurs* dans celle de Corneille, unique aussi par la justesse enjouée et la perfection du style, sortait encore d'une collaboration au cabaret. « Moitié en m'encourageant, moitié en mettant eux-mêmes la main à l'œuvre, mes amis me firent commencer une pièce qui fut bientôt achevée. » A cette époque, il y avait brouille entre Molière et son très ingrat protégé, mais si l'auteur de *Sganarelle* et des *Fâcheux* ne fut point de ceux qui mirent cette fois la main à la pâte, l'écho de son exubérante gaîté et de sa verve satirique y retentit pourtant d'un bout à l'autre.

Racine, parmi les contemporains, fut, d'ailleurs, le seul, au théâtre, dont le génie tira toutes les conséquences de l'initiative prise par Molière. Aucun de ses rivaux, sur la scène comique, n'était de taille à continuer son œuvre, ni dans la grande comédie de caractère, ni même dans la bouffonnerie satirique. Baron, son élève, n'y put faire qu'un effort incomplet dans *l'Homme à bonnes fortunes.* Parmi ses successeurs, malgré leurs qualités vives et fines, leur gaîté souvent si sincère et si communicative, ni Boursault, ni Dufresny, ni Dancourt, ni même ce joyeux et amusant viveur, écrivain si élégant, Régnard, ne purent s'élever au-dessus de la peinture, spirituelle et anecdotique, des mœurs faciles et relâchées d'une société en décomposition. Le *Turcaret* de Lesage seul se montra plus hardiment satirique, mais la comédie, réduite à un tel étalage de basses friponneries dans un milieu uniquement composé de coquins cyniques et médiocres, ne pouvait guère avoir de portée morale et sociale.

Quoi qu'il en soit, malgré leur infériorité générale dans la vigueur ou la nouveauté des analyses, dans l'ampleur et la chaleur de l'explosion comique, dans la largeur et la hauteur de la pensée, tous ces fournisseurs de notre scène comique restent les obligés de Molière, pour la sincérité et la finesse de leur observation, pour la clarté et la vivacité de leur langage. Ceux mêmes qui, comme Marivaux, ayant cherché et trouvé une route de traverse encore mal explorée, affecteront quelque dédain pour le fier Maître qu'oublie la frivolité des salons, se rattachent encore à lui plus qu'ils ne veulent bien dire. Seulement, au lieu de reprendre, comme les autres, les types les plus fameux, tel que Tartufe dont il essaie pourtant une doublure et réduction mondaine dans le roman de *Marianne*, Marivaux, au théâtre, cherche son inspiration dans les œuvres oubliées qu'on ne lit guère. *Les Amants magnifiques* deviennent *les Fausses Confidences*, et *la Princesse d'Élide* lui fournit des scènes assez nombreuses dans *les Surprises de l'Amour*, *les Serments indiscrets*, *l'Heureux Stratagème*.

En fait, durant tout le XVIIIe siècle, jusqu'aux approches de la Révolution, avant Beaumarchais, Molière, le puissant Molière des fortes satires morales ou des bouffonneries énormes, est chez nous démodé. Il est trop franc peut-être, trop simple et naturel pour une société engouée à la fois de littérature polissonne et de déclamations sophistiques. Il n'en reste pas moins, pour les gens de théâtre, l'inspirateur de toutes les formes nouvelles de l'art. Si Marivaux a tiré de lui la comédie d'intrigue sentimentale, c'est chez lui, dans *Don Juan*, *Georges Dandin*, *l'Avare*, *le Malade imaginaire*, que les inventeurs de la comédie bourgeoise et du drame larmoyant iront aussi prendre leurs premiers exemples, comme, plus tard, le drame romantique et notre comédie moderne se pourront autoriser de la liberté scénique et du mélange des genres sérieux et bouffon déjà opéré, avec quelle maîtrise!, dans *Don Juan*. En réalité, chez nous, aucun homme de théâtre, auteur ou acteur, ne s'est jamais soustrait à l'influence bienfaisante et féconde de Molière.

Tous les auteurs qui, à diverses reprises, ont rendu à la comédie française son éclat, sa valeur morale, sa force d'expansion, se réclament hautement de lui. Ne lui eussent-ils pas témoigné, en toute occasion, leur reconnaissance filiale, qui ne reconnaît dans les chefs de file, Beaumarchais, Émile Augier, Alexandre Dumas fils, les héritiers légitimes de Molière? Que dire de tous les bons farceurs, vaudevillistes, librettistes, plus nombreux encore, qui n'ont cessé d'aiguiser leur malice ironique et de réchauffer leur verve joviale dans le commerce assidu de son génie intarissable d'observateur et de rieur? Depuis Labiche, Meilhac et Halévy, jusqu'à M. Courteline, tous portent sa marque. N'est-ce pas à lui, en bonne partie, que nous devons l'évolution actuelle, si active, si variée de notre théâtre, dans un esprit croissant de vérité, de sincérité, de force, d'humanité, celle qui est conduite par MM. Paul Hervieu, Léon Lavedan, Brieux, Donnay, Capus, etc...? Et, pour tout dire, nos romanciers ne lui doivent-ils pas autant que nos auteurs comiques et dramatiques? Notre grand, notre unique Honoré de Balzac, peintre des mœurs sociales, des drames de famille, des caractères mondains, bourgeois et populaires, des scènes parisiennes et provinciales, le père de tous les conteurs contemporains, n'est-il pas lui-même un descendant direct de Molière, comme de leur aïeul commun, Rabelais?

Ce qui est édifiant, c'est qu'au XVIIIe siècle, alors qu'en France, au moins sur la scène, Molière était négligé, sa gloire et son action se répandaient au dehors, avec une rapidité croissante et des effets décisifs. Sa popularité hors de nos frontières avait commencé de son vivant. On le jouait et rejouait, à Constantinople, chez notre ambassadeur, en attendant qu'on l'imitât et qu'on le traduisît en turc. Les traductions, naturellement, et les imitations se produisirent plus vite et avec plus d'influence dans le monde latin et germanique, chez nos voisins. Rien de plus intéressant à ce sujet que les renseignements réunis d'abord par Legrelle, complétés par M. Monval et les Moliéristes, résumés par M. Paul Mesnard, dans son édition monumentale des œuvres complètes.

C'est en Angleterre, devant une cour demi-française, que Molière fut traduit et joué le plus vite. En 1670, la duchesse d'Orléans, sœur du roi Charles II, protectrice du poète, constate déjà son succès à Londres. *Le Tartuffe* y est représenté sous le titre de *The French Puritan*. Bientôt, toute une école nouvelle, rompant avec les traditions de Shakespeare, se livre d'abord à un travail de simple adaptation. *L'Étourdi*, entre les mains de Dryden, est tout à coup devenu *Sir Martin Mar-All* : l'Agnès de *l'École des Femmes*, reparaît dans la *Country Wife* de Wicherley, et *le Misanthrope* dans son *Plain Dealer*. Shadwell transforme, accommode, anglicanise avec le même sans-gêne *les Précieuses*, *les Fâcheux*, *Don Juan*, *l'Avare*. Congreve respecte un peu mieux, tout en le démarquant, l'esprit de Molière. Les traductions de ses œuvres, complètes ou choisies, à partir de 1714, se succèdent. En 1732, une édition de grand luxe, avec texte en regard, portrait par Mignard, illustrations par Hogarth et Ch. Coypel, est publiée sous le patronage de la Reine et des grands lords. La même année, Fielding inaugure, par le *Mock Doctor* (*Médecin malgré lui*) et le *Miser* (*l'Avare*) la série de ses traductions et représentations moliéresques. L'abbé Prévost en constate l'énorme succès, tandis que des écrivains plus originaux, notamment Sheridan, dans la *School for*

Scandal, affirment l'impulsion féconde donnée au théâtre anglais par le poète français.

A la même époque, en Allemagne, c'est, dans les classes supérieures et chez les lettrés, un enthousiasme plus complet et plus général encore. On l'y avait aussi traduit, de son vivant, dès 1670. Dès 1680, l'électeur de Saxe se faisait représenter, durant le Carnaval, la suite des œuvres principales, et, sous ses successeurs, Gottsched, en fondant l'école littéraire de Leipzig, se proposa ouvertement « par une habile méditation du théâtre français, de donner une littérature dramatique à son pays », Lessing, qui avait passé par l'école de Leipzig, « composait, dit Legrelle, d'après sa méthode et presque avec ses personnages, ses premières comédies..., et Élias Schegel lui empruntait l'idée et jusqu'aux bons mots de ses pièces.... On le jouait sur toutes les scènes, de Hambourg à Vienne.... C'est à ses pièces qu'ont recours tous les directeurs de théâtre dans l'embarras ». On sait, par Gœthe lui-même, ce que le grand poète de l'Allemagne devait à Molière. Nul n'a parlé de notre grand poète français avec plus d'admiration et d'émotion . « Molière est tellement grand que chaque fois qu'on le relit on se sent pris d'étonnement. Je lis chaque année quelques-unes de ses pièces, de même que je contemple de temps à autre des gravures d'après les grands maîtres italiens, car nous autres, petits, nous sommes incapables de concevoir d'aussi grandes choses. Il faut retourner sans cesse à la source pour rafraîchir la vue et la mémoire. » Depuis cette époque, et malgré les fureurs pédantes de Guillaume

Schlegel, d'innombrables travaux de traduction, d'érudition, n'ont cessé de prouver la justice impartialement et chaleureusement rendue, de l'autre côté du Rhin, à celui qu'on y applaudit toujours. Lorsque M. Jules Claretie, en février 1873, en remarquant avec tristesse que l'anniversaire de la mort de Molière avait été oublié à Paris, dut constater, avec reconnaissance, qu'on l'avait célébré sur le Théâtre Impérial de Vienne avec une solennité extraordinaire; il put, en répétant les paroles de Gœthe, reconnaître que la même admiration sympathique persistait, malgré tout, chez ses compatriotes. Les savants travaux de M. Paul Lindau, des docteurs Schwitzer et Mangold, de M. Homberg, de bien d'autres nous l'ont prouvé et nous le prouvent chaque jour.

Dans presque tous les pays du Nord, en Hollande, dans les Flandres, en Pologne, même rapidité de propagande, même force et durée d'influence. L'excellent livre de Legrelle sur Holberg, démontre « le rôle considérable et tout exceptionnel que Molière a joué dans la littérature et dans l'histoire des mœurs en Danemark ».

Des deux pays latins, l'Italie et l'Espagne, où tant de fois Molière avait trouvé et repris ce qu'il appelait son bien, l'Italie fut la première à le comprendre, le traduire, l'imiter, le piller. Son plus grand poète comique, Goldoni, ne réforme la comédie indigène encore livrée aux improvisateurs qu'en s'appuyant sur l'exemple de Molière. C'est à Paris qu'il vient pour y conquérir la renommée, qu'il y obtient son premier grand succès, par *le Bourru bienfaisant*, écrit en français, joué dans la maison de Molière. C'est à Paris qu'il vivra, protégé par le roi, et qu'il mourra, ruiné par la Révolution, pauvre, presque aveugle, le lendemain même du jour où la Convention, trop tard, lui rendait sa pension. L'amour et le culte de Molière en avaient fait notre compatriote. Même phénomène dans la péninsule ibérique où notre goût classique pénétra pourtant avec plus de lenteur. C'est en Portugal que *le Tartuffe* est d'abord accueilli vers 1750, mais bientôt la popularité de Molière gagne l'Espagne et Moratin, comme Goldoni, traducteur et imitateur passionné de ses grandes comédies, devient si Français qu'après l'évacuation de son pays par nos armées, il s'exile volontairement et vient mourir à Paris en 1828.

Voilà pour l'influence littéraire. Que dire de l'influence morale et sociale? Est-ce vis-à-vis de Molière qu'on peut soutenir cet élégant paradoxe que la littérature, notamment la littérature dramatique, n'exerce aucune action sur les mœurs, les sentiments et les idées de la société où elle se produit? La thèse, à vrai dire, n'est guère reprise, de temps à autre, que par des cyniques ou des pince-sans-rire qui ne voient, dans les licences du théâtre, qu'un facile moyen de lucre et de succès par l'excitation des plus bas instincts de la foule moutonnière. Qu'on soit sincère! Chacun de nous, dans sa jeunesse par sensibilité, dans sa mâturité par réflexion, n'a-t-il pas éprouvé, en bien ou en mal, le contre-coup des sensations et émotions produites en lui par l'irrésistible attrait, l'exaltation suggestive des représentations théâtrales? N'avons-nous pu, de notre temps, ne pouvons-nous constater chaque jour quelle action exercent sur l'imagination, les préjugés, les opinions du public, au moins autant que le journal, les comédies joyeuses ou sérieuses sur les questions, morales ou sociales, à l'ordre du jour? Sans doute la comédie ne corrige pas plus sûrement ni plus rapidement les vices ou les travers dont elle se moque que les graves prédications et raisonnements des prêtres, moralistes et philosophes. Mais elle dispose tout aussi bien, et sans y paraître, les gens à se mieux juger et à mieux juger les autres, en leur faisant dérouler sur les planches, mieux que dans la vie, les conséquences, ridicules ou déplorables, de ces vices et de ces travers. Qu'il serait facile de démontrer combien, depuis cinquante ans, telles ou telles œuvres, non seulement d'Augier, d'Alexandre Dumas, de Sardou, mais de beaucoup d'autres moins illustres, ont modifié nos idées et nos mœurs dans la famille et dans le monde, sur les questions de l'amour, du mariage, du divorce, etc.! Ne disons donc pas, comme Brunetière, que Molière « en a menti » lorsqu'il proteste, dans sa Préface du *Tartuffe*, de ses intentions moralisatrices. Sauf ses adversaires religieux, tous ses contemporains lui donnent raison et constatent les prompts effets de ses polémiques. Il faut lire, à ce sujet, ce que disent Charles Perrault, Bussy-Rabutin, Bayle, etc. « Molière avait la raillerie si forte, écrit ce dernier peu de temps après la mort du poète, que c'était comme un coup de foudre d'effet; quand un homme en avait été frappé, on n'osait plus l'approcher. *Tanquam de cœlo tactum et fulgu-*

ratum hominem. Tout cela est arrivé à l'abbé Cotin, car non seulement la comédie des *Femmes savantes* éloigna de lui ses amis, mais aussi lui troubla le jugement. »

Un vice ou un travers bien peints et représentés sur le théâtre ou dans le roman par un psychologue sagace est comme une infirmité dont les caractères sont nettement déterminés par un médecin expérimenté. La précision du diagnostic mène à la connaissance et à la défiance du mal, éclaire la recherche du remède, en facilite la découverte. Sans attribuer plus d'intentions réformatrices et surtout de prévisions révolutionnaires à Molière qu'il n'en eut certainement, n'est-il pas évident, néanmoins, que le sentiment de justice, de bienveillance, de tendresse avec lequel il montra les enfants soumis encore trop brutalement au pouvoir absolu et tyrannique des parents n'a pas médiocrement contribué à introduire dans les mœurs de la famille plus de douceur et de bienveillance? N'est-il pas certain qu'en fixant au pilori, parmi les éclats de rire ou les huées d'indignation, des personnifications aussi complètes du crime, du vice, de la sottise, tels que Tartufe, Don Juan, Harpagon, Jourdain, Argan, en inscrivant, au-dessus de leur tête, de ces noms significatifs et sonores, qui se fixent irrésistiblement dans la mémoire, il a marqué l'Hypocrisie religieuse, l'Égoïsme mondain, l'Avarice, la Vanité, la Poltronnerie bourgeoises, d'une étiquette ineffaçable qui les fait en tous lieux reconnaître, haïr, mépriser ou railler? Croit-on qu'avant le coup de grâce asséné par Beaumarchais à la noblesse dégénérée, oisive et parasite, elle ne fût déjà bien malade des étrivières cinglantes distribuées à ses marquis vantards, fats, inutiles, prétentieux, bretteurs, escrocs, à son élégant seigneur Don Juan, type de l'insolence aristocratique et de la perversité spirituelle, à ses hobereaux prétentieux et ridicules, M. et Mme de Sotenville et Mme d'Escarbagnas?

Aussi, de tous nos poètes de théâtre, à travers toutes les révolutions littéraires, politiques, sociales et toutes les transformations et agitations du monde moderne par la science, est-ce Molière qui a le moins souffert du changement des idées. Sa gaîté et son bon sens, sa franchise chaleureuse de solidarité humaine ont résisté à tous les caprices de la mode. Sa popularité semble même, chez nous, s'être accrue à mesure que s'accroissent nos inquiétudes morales et nos désordres sociaux. Les uns trouvent dans cette gaîté la distraction et l'oubli, les autres dans ce bon sens la patience, la consolation et l'espérance. Cela nous semble une réserve de santé, de joie, d'optimisme où l'on pourra toujours reprendre son équilibre intellectuel et sentimental. On ne cesse de le jouer, on ne cesse de l'applaudir, on ne cesse de le commenter.

Les étrangers s'y montrent aussi ardents que les Français. Les belles études récemment publiées par MM. Martinenche, Rigal, Huzlar, Mantzius, Chatfield-Taylor, d'une érudition avisée et d'une libre critique, ne sont pas les dernières, assurément, qui nous feront, chaque jour, mieux comprendre et mieux apprécier la portée de son génie. Aujourd'hui, comme le 15 janvier 1871, jour anniversaire de sa naissance, lorsque dans Paris assiégé et affamé depuis quatre mois, au bruit incessant des bombes, Sarcey, avec un touchant à-propos de patriotisme viril, prenait pour sujet de sa conférence à la Comédie-Française, l'*Influence de Molière sur le monde civilisé*, nous pouvons être fiers de cette influence toujours grandissante. Les vices qu'il a combattus ne sont pas de ceux qui disparaissent en aucun temps, sous aucun régime, dans aucune société, mais chaque fois qu'ils relèvent trop la tête, chaque fois qu'on souffre trop de l'hypocrisie morale, politique ou mondaine, de l'infatuation intellectuelle, du charlatanisme scientifique, de l'égoïsme, de la vanité, de la cupidité, de la sottise, sous toutes leurs formes, chaque fois qu'il paraît nécessaire de les combattre de nouveau par le rire de la raison, c'est toujours chez Molière qu'on va reprendre ou aiguiser ses armes.

BIBLIOGRAPHIE

Œuvres de Molière. Nouvelle édition, par MM. Eugène Despois et Paul Mesnard (Coll. des *Grands Écrivains de la France*). Paris, Hachette et Cie, 1873-1900, vol. in-8°.

La bibliographie des éditions, traductions, travaux d'érudition et de critique molièresques jusqu'en 1893, par M. Desfeuilles, remplit tout le XIe volume de cette édition (plus de 2 000 numéros). Nous ne pouvons qu'y renvoyer le lecteur en nous bornant à rappeler, parmi les publications modernes, avec quelques réimpressions documentaires, quelques-uns des ouvrages les plus utiles et faciles à consulter :

La Fameuse Comédienne, histoire de la Guérin. Réimpression par Ch. Livet, 1876.

Grimarest, *La Vie de M. de Molière*. Réimpression de l'édition originale de 1705, 1877.

Eud. Soulié, *Recherches sur Molière et sur sa famille*, 1865.

Collection moliéresque, publiée par Paul Lacroix (20 vol. in-12), Genève, Turin, San Remo, 1867-1875.

Nouvelle Collection moliéresque, commencée par Paul Lacroix (1863-1884), continuée par Georges Monval (1884-1890), in-18.

Legrelle, *Holberg considéré comme imitateur de Molière*, 1864.

Saint-Marc-Girardin, *Cours de Littérature dramatique*, 1866-1874.

L. Moland, *Molière et la Comédie italienne*, 1867.

Le Moliériste, revue mensuelle, publiée par Georges Monval. 10 vol. in-8°, 1879-1889.

C.-G. Jeannel, *La Morale de Molière*, 1867.

Jules Claretie, *Molière, sa vie et ses œuvres*, 1873.

Eug. Despois, *Le Théâtre français sous Louis XIV*, 1874.

Jules Loiseleur, *Les points obscurs de la Vie de Molière*, 1877; *Nouvelles controverses sur sa vie et sa famille*, 1886.

G. Larroumet, *La Comédie de Molière, l'auteur et le milieu*, 1887.

Paul Stapfer, *Molière et Shakespeare*, 1887.

Jules Lemaître, *Impressions de théâtre*, 1888-1890.

Paul Bourget, *Études et Portraits*, 1889.

Petit de Julleville, *Le Théâtre en France*, 1889; *Histoire de la Langue et de la Littérature française*. T. V (*Molière*, par M. Le Breton).

Victor Fournel, *Les Contemporains de Molière*, 1863-1875; *Le Théâtre au XVII*e *siècle, La Comédie*, 1892.

Eug. Faguet, *Les Grands Maîtres du XVII*e *siècle*, 1886; *Propos de théâtre*, 1903.

Brunetière, *Époques du Théâtre français*, 1892; *Études critiques sur l'histoire de la Littérature française*, 1895-1908.

J.-J. Weiss, *Molière*, 1900.

Fr. Sarcey, *Quarante ans de théâtre : Molière et la Comédie classique*, 1900.

Gustave Lanson, *Histoire de la Littérature française*, 1895; *Molière et la Farce* (Revue de Paris, 1901).

A. Duchesne, *La tradition du Moyen âge dans Molière* (Revue de Belgique), Bruxelles, 1898.

Martinenche, *Molière et la Comédie espagnole*, 1906.

G. Huzlar, *Molière et l'Espagne*, 1907.

Abel Lefranc, *Revue des Cours et Conférences*, 1906-1908.

Eug. Rigal, *Le Théâtre français avant la période classique; Molière*, 2 vol., 1908.

Mantzius (Karl), *Molière : Les théâtres, le public et les comédiens de son temps*, traduction Pellisson, 1908.

TABLE DES MATIÈRES

LA VIE

L'ŒUVRE

1235-08. — Coulommiers. Imp. Paul BRODARD. — 1-09.

www.ingramcontent.com/pod-product-compliance
Ingram Content Group UK Ltd.
Pitfield, Milton Keynes, MK11 3LW, UK
UKHW020408190726
13838UKWH00006B/175

9 782329 385068